Jochen Schleyer

Spanisch
Grammatik

W0180080

SCRIPTOR

Der Autor:
Jochen Schleyer unterrichtet Spanisch und Französisch an einem
Gymnasium und ist Verfasser von Unterrichtsmaterialien für das Fach
Spanisch.

Cornelsen online http://www.cornelsen.de

Gedruckt auf chlorfrei gebleichtem Papier
ohne Dioxinbelastung der Gewässer.

Die Deutsche Bibliothek – CIP-Einheitsaufnahme

Schleyer, Jochen:
Spanisch-Grammatik / [Jochen Schleyer]. – Berlin:
Cornelsen Scriptor, 1999
(Pocket Teacher)
ISBN 3-589-21223-3

Dieses Werk berücksichtigt die Regeln der reformierten Recht-
schreibung und Zeichensetzung.

5.	4.	3.	2.	1. ✓	Die letzten Ziffern bezeichnen
03	02	01	2000	99	Zahl und Jahr des Drucks.

Redaktion: Heike Friauf, Frankfurt am Main
Typographie: Julia Walch, Bad Soden
Umschlagentwurf: Bauer + Möhring, Berlin
Illustration S. 27: Klaus Puth, 63165 Mühlheim
Herstellung, Satz und Umbruch: Kristiane Klas, Frankfurt am Main
Druck- und Bindearbeiten: Clausen & Bosse, Leck
Printed in Germany
ISBN 3-589-21223-3
Bestellnummer 212233

Inhalt

■■■■■■

Vorwort

Liebe Schülerinnen, liebe Schüler!

Der handliche POCKET TEACHER bringt euch viele Vorteile:
Er informiert knapp und genau. Regeln, Erklärungen, Beispiele, Tabellen – alles ist übersichtlich geordnet und leicht verständlich.

 Auf Regeln und Merksätze weist dieses Zeichen hin.

 Lerntipps helfen bei besonders schwierigem Stoff.

Ihr könnt die gewünschten Infos am schnellsten über das Stichwortverzeichnis am Ende jedes Bandes finden. – Stichwort vergessen? Dann schaut ihr am besten ins Inhaltsverzeichnis und sucht im entsprechenden Kapitel nach dem Wort. Im Text eurer POCKET TEACHER findet ihr viele farbige Pfeile. Diese verweisen auf andere Stellen im Buch.
Beispiel: Gerundium ↗ S. 78. Das heißt: Das *Gerundium* wird auf Seite 78 ausführlich erläutert.

Der POCKET TEACHER Spanisch erklärt die Grammatik, die ihr ab dem 1. Lernjahr braucht. Er ist ein nützlicher Begleiter für alle Lernjahre.

 Beachte: Natürlich kann die POCKET-TEACHER-Reihe ausführliche Schulbücher mit Übungen und Beispielen nicht ersetzen. Das soll sie auch nicht. Sie ist eure Merkhilfe-Bibliothek für alle Gelegenheiten, besonders für Hausaufgaben oder für die Vorbereitung auf Klassenarbeiten.

Rechtschreibung und Betonung

1 Betonung

◆ Wörter werden auf der **vorletzten** Silbe betont, wenn sie auf **Vokal**, *-n* oder *-s* enden.

Beispiele: mod**e**rno, h**a**blan, habl**a**mos

◆ Wörter werden auf der **letzten** Silbe betont, wenn sie auf **Konsonant** (**außer** *-n*, *-s*) enden.

Beispiele: trabaj**a**r, españ**o**l, ciud**a**d

➤ Zwei **aufeinanderfolgende Vokale** bilden in einigen Fällen **eine** Silbe, in anderen Fällen **zwei** Silben. Ist von zwei aufeinanderfolgenden Vokalen einer ein *i* oder *u*, so bilden sie zusammen einen **Diphthong** (= Doppellaut), also **eine Silbe**.

Beispiele: fa-mi-l**ia**, t**ie**-ne, ra-d**io**, c**iu**-dad, G**ua**-te-ma-la, b**ue**-no, c**ui**-da-do, tr**ai**-go, **oi**-go, **Eu**-ro-pa

Sind zwei aufeinanderfolgende Vokale *a*, *e* oder *o*, so bilden sie **zwei Silben**.

Beispiele: te-**a**-tro, mu-se-**o**

2 Akzente

◆ Eine von diesen Betonungsregeln abweichende Betonung eines Wortes wird durch Akzent gekennzeichnet.

caf**é**	tambi**é**n
dif**í**cil	Am**é**rica
adem**á**s	fant**á**stico

➤ Achte dabei auf die **Akzentverschiebung** von Singular und Plural. (↗ Pluralbildung S. 13)

el j**ó**ven	los j**ó**venes
la naci**ó**n	las naciones

➤ Beachte auch die **Akzentverschiebung** bei Gerundien mit angehängten Objektpronomen.

esper**a**ndo	esper**á**ndome
dici**e**ndo	dici**é**ndoselo

◆ Alle **Fragewörter** haben einen Akzent.

Beispiele: ¿cu**á**ndo?, ¿qui**é**n?, ¿d**ó**nde?, ¿c**ó**mo?

◆ In einigen Fällen unterscheidet der Akzent verschiedene Bedeutungen.

mi	*mein*	≠ para mí	*für mich*
tu	*dein*	≠ tú	*du*
el amigo	*der*	≠ él	*er*
se lava	*sich*	≠ sé	*ich weiß*
si	*ob, wenn*	≠ sí	*ja, doch*
solo/-a	*allein*	≠ sólo	*nur*
…		…	

◆ Durch einen Akzent wird die Bildung von Diphthongen (= Doppellauten) verhindert.

Secretar**í**-a
Mar**í**-a
o-**í**do

Wortarten

3 Der Artikel
El artículo

3.1 Der bestimmte Artikel

	singular			plural		
masculino	**el**	amigo	*der Freund*	**los**	amigos	*die Freunde*
feminino	**la**	amiga	*die Freundin*	**las**	amigas	*die Freundinnen*
neutro	**lo**	bueno	*das Gute*			

◆ Der Artikel *el* verschmilzt mit den Präpositionen *a* und *de*.

Beispiele: al (= a + el): **al** profe – *dem Lehrer*,
del (= de + el): **del** profe – *vom Lehrer*

◆ Anders als im Deutschen gibt es keine neutralen Substantive.
Das neutrale *lo* wird zur Substantivierung von Adjektiven und
Adverbien benutzt.

lo bueno	*das Gute*
lo mismo	*dasselbe*

◆ Vor femininen Substantiven, die mit **betontem** *a*- oder *ha*-
beginnen, steht im Singular *el*.

singular		plural	
el agua	*das Wasser*	**las** aguas	*die (Ge-)Wässer*
el hambre	*der Hunger*		

3.2 Der unbestimmte Artikel

	singular	plural		
masculino	**un** amigo	**(unos)**	amigos	*(einige) Freunde*
feminino	**una** amiga	**(unas)**	amigas	*(einige) Freundinnen*

➤ Im Deutschen hat der unbestimmte Artikel keinen Plural; im Spanischen jedoch bedeutet er meist „einige", bei Zahlen aber „ungefähr" (↗ 6.5, S. 33).

unas casas	*einige/ein paar Häuser*
unos 20 años	*ungefähr 20 Jahre*

◇ Vor femininen Substantiven, die mit **betontem** *a*- oder *ha*-beginnen, steht im Singular *un*.

un agua mineral	*ein Mineralwasser*
un hambre	*ein Hunger*

4 Das Substantiv
El sustantivo

4.1 Genus

◇ Substantive auf -*o* sind meist maskulin.

Beispiele: el amig**o** – *der Freund*, el institut**o** – *das Gymnasium*

➤ Ausnahmen sind z.B.

la radi**o**	*das Radio*	la man**o**	*die Hand*
la mot**o**	*das Motorrad*	la fot**o**	*das Foto*

◇ Substantive auf -*a* sind meist feminin.

Beispiele: la amig**a** – *die Freundin*, la cas**a** – *das Haus*

➤ Ausnahmen sind z.B.

Beispiele: el dí**a** – *der Tag*, el tranví**a** – *die Straßenbahn*

◆ Viele Substantive, die auf *-ema* oder *-oma* enden, sind maskulin.

| el prob**ema** | *das Problem* | el sist**ema** | *das System* |
| el t**ema** | *das Thema* | el idi**oma** | *die Sprache* |

◆ Substantive auf *-ista* haben nur eine Form für maskulin und feminin.

el/la ideal**ista** *der Idealist/die Idealistin*
el/la art**ista** *der Künstler/die Künstlerin*

◆ Substantive auf *-ión* und *-ad* sind meist feminin.

| la direc**ción** | *die Adresse* | la universid**ad** | *die Universität* |
| la forma**ción** | *die Bildung* | la verd**ad** | *die Wahrheit* |

4.2 Pluralbildung

◆ Substantive, die auf **unbetontem** Vokal enden, bilden ihren Plural mit *-s*.

la casa	→ las casa**s**	*das Haus*	*die Häuser*
el libro	→ los libro**s**	*das Buch*	*die Bücher*
el parque	→ los parque**s**	*der Park*	*die Parks*

◆ Die anderen Substantive bilden ihren Plural mit *-es* .

| el profesor → los profesor**es** | *der Lehrer* | *die Lehrer* |
| la región → las region**es** | *die Region* | *die Regionen* |

➡ Es gelten dabei die normalen orthographischen Veränderungen; z.B. wird -*z* zu -*ces*, ein Akzent auf der letzten Silbe verschwindet im Plural, andererseits bekommen manche Wörter im Plural einen Akzent (↗ 2 Akzente, S. 9).

una ve**z**	dos ve**ces**	*einmal*	*zweimal*
el ingl**és**	los ingles**es**	*der Engländer*	*die Engländer*
el joven	los j**ó**venes	*der Jugendliche*	*die Jugendlichen*

◆ Substantive, die auf **unbetontes** -*es* , -*is* , -*us* enden, und **Familiennamen** bleiben im Plural unverändert.

el señor García →	los García	*Herr García*	*die Garcías*
el lunes →	los lunes	*Montag*	*die Montage; montags*
la equis →	dos equis	*das X*	*zwei X*

4.3 Das Substantiv als Objekt

◆ Der deutsche **Genitiv** („wessen?") wird mit der Präposition *de* wiedergegeben.

Beispiel: El señor Domínguez es el profe **de** Mario y Ana. – *Herr Domínguez ist Marios und Anas Lehrer.*

◆ Der deutsche **Dativ** („wem?") wird mit der Präposition *a* wiedergegeben.

Escribo **a** mi novia.	*Ich schreibe meiner Freundin.*
A mí no me gusta.	*Mir gefällt es nicht.*

◆ Der deutsche **Akkusativ** („wen?/was?") wird dann mit der Präposition *a* wiedergegeben, wenn es sich um **bestimmte Personen** oder andere Lebewesen handelt.

¿Conoces **a** Carlos?	*Kennst du Carlos?*
Pregunto **a** mis amigos.	*Ich frage meine Freunde.*
¿Por qué no traes **a** tu perro?	*Warum bringst du nicht deinen Hund mit?*

Sonst wird der **Akkusativ** ohne *a* wiedergegeben.

Beispiel: Estudio español. – *Ich lerne Spanisch.*

Vergleiche dazu auch Kapitel 8.1, S. 39 u. 40.

5 Das Adjektiv
El adjetivo

5 .1 Genus

 Die meisten Adjektive bilden eine Femininform auf *-a*.

masculino	feminino	
pequeño	pequeña	*klein*
majo	maja	*nett; hübsch*
mucho	mucha	*viel*

 Eine Reihe von Adjektiven (z.B. die auf *-e*, *-a*, *-l*) sind in der Maskulin- und Femininform gleich.

un tema interesante	*ein interessantes Thema*
una ciudad interesante	*eine interessante Stadt*
un motivo realista	*ein realistischer Grund*
una novela realista	*ein realistischer Roman*
un idioma fácil	*eine leichte Sprache*
una asignatura fácil	*ein leichtes Fach*

 Die Nationalitätsadjektive auf **-n**, **-s**, **-l** haben jedoch zwei Endungen.

Beispiele: alem**á**n/alema**na**, franc**é**s/france**sa**, español/español**a**

Zu den Substantiven, die als Farbadjektive gebraucht werden, ⤴ S. 16.

5.2 Pluralbildung

 Der Plural wird – wie bei den Substantiven (↗ S. 13) – durch
-s bzw. *-es* gebildet.

bueno	→ buenos	alemán	→ aleman**es**
buena	→ buenas	francés	→ frances**es**
interesante	→ interesantes	fácil	→ fácil**es**

Bezieht sich das Adjektiv auf zwei Substantive **verschiede-
nen** Geschlechts, so wird die **maskuline** Pluralform genom-
men.

Beispiel: Pedro y Julia son maj**os**. – *Pedro und Julia sind nett.*

Substantive, die als **Farbadjektive** gebraucht werden, sind
maskulin und feminin und im Singular und Plural unveränder-
lich.

un coche	**naranja**	*ein orangefarbenes Auto*
una bicicleta	**rosa**	*ein rosafarbenes Fahrrad*
(unos) zapatos	**café**	*kaffeebraune Schuhe*
(unas) flores	**violeta**	*violettfarbene Blumen*
(unas) casas	**tabaco**	*tabakbraune Häuser*

5.3 Stellung

 Adjektive stehen normalerweise **hinter dem Substantiv**.

Vivo en un barrio **moderno**.	*Ich wohne in einem modernen Stadtviertel.*
Tenemos unas profesoras muy **majas**.	*Wir haben einige sehr nette Lehrerinnen.*
Pasa un hombre bien **vestido**.	*Es geht ein gut gekleideter Mann vorbei.*

◆ Die **Mengenadjektive** *mucho*, *poco*, *tanto*, *demasiado*, *medio* sowie *otro* stehen **vor** dem Substantiv.

Tengo **mucho** trabajo.	*Ich habe viel Arbeit.*
Tenemos **poco** dinero.	*Wir haben wenig Geld.*
Hay **tanta** gente aquí.	*Hier sind so viele Leute!*
Tienen **demasiados** vídeos.	*Sie haben zu viele Videos.*
Compra **medio** kilo de tomates.	*Kauf ein halbes Kilo Tomaten.*
Dame **otro** zumo.	*Gib mir noch einen Saft.*

➤ Vor *otro* und *medio* steht – anders als im Deutschen – **nie** der **unbestimmte** Artikel.

◆ Stehen *bueno*, *malo*, *primero*, *tercero* **unmittelbar** vor einem **maskulinen** Substantiv im Singular, so fällt das *-o* weg.

Es un **buen** ejemplo.	*Das ist ein gutes Beispiel.*
Hace **mal** tiempo.	*Es ist schlechtes Wetter.*
el **primer** día	*am ersten Tag*
el **tercer** piso	*die dritte Etage*

◆ Steht *grande* vor einem **maskulinen** oder **femininen** Substantiv im Singular, dann fällt die Endung *-de* weg.

Beispiele: Es un **gran** escritor. – *Er ist ein großer Schriftsteller.* Es una **gran** artista. – *Sie ist eine große Künstlerin.*

◆ Werden *bueno* und *malo* vorangestellt, sind sie meist unbetont bzw. nicht sonderlich betont; sollen sie aber betont bzw. durch ein Adverb näher bestimmt werden, so werden sie nachgestellt.

un **buen** vino	*ein guter Wein*	un vino (muy) **bueno**	*ein (sehr) guter Wein*
un **mal** ejemplo	*ein schlechtes Beispiel*	un ejemplo (bastante) **malo**	*ein (ziemlich) schlechtes Beispiel*

◆ Einige Adjektive variieren etwas in der Bedeutung, je nachdem ob sie vor- oder nachgestellt sind.

el **único** libro	*das einzige Buch*	un libro **único**	*ein einzigartiges Buch*
¡**pobre** chico!	*armer (bedauernswerter) Junge!*	una mujer **pobre**	*eine arme Frau (ohne Geld)*
un **gran** autor	*ein großartiger Autor*	una ciudad **grande**	*eine große Stadt*
un **viejo** amigo	*ein alter (langjähriger) Freund*	un hombre **viejo**	*ein alter Mann*
el **nuevo** CD de Caos	*die neue (letzte) CD von Caos*	una bicicleta **nueva**	*ein (fabrik-) neues Fahrrad*
un **antiguo** profesor	*ein ehemaliger Lehrer*	una casa **antigua**	*ein altes Haus*

5.4 Komparativ und Superlativ

Der Vergleich (Komparativ)

◆ Zum Vergleich wird bei **Gleichheit** *tan + adjetivo + como*, bei **Ungleichheit** *más + adjetivo + que* bzw. *menos + adjetivo + que* verwendet.

El español es **tan** fácil **como** el inglés.	*Spanisch ist so leicht wie Englisch.*
El francés es **más** difícil **que** el español.	*Französisch ist schwerer als Spanisch.*
Colmenar es **menos** interesante **que** Madrid.	*Colmenar ist weniger interessant als Madrid.*

◆ Die Adjektive *bueno* und *malo* haben eigene Komparativformen.

bueno/buena	**mejor**	buenos/buenas	**mejores**
malo/mala	**peor**	malos/malas	**peores**

En alemán Pedro tiene **mejor** *Im Deutschen hat Pedro*
nota **que** Ana. *eine bessere Note als Ana.*
Pero en matemáticas tiene *Aber in Mathematik hat er*
peores resultados **que ella**. *schlechtere Resultate als sie.*

◇ Die Adjektive *grande* und *pequeño* haben zwei Komparative
mit unterschiedlicher Bedeutung: *más grande* und *mayor* bzw.
mas pequeño und *menor*.

Sevilla es **más grande** *Sevilla ist größer als Santiago,*
que Santiago, pero es *aber kleiner als Madrid.*
más pequeño que Madrid.

Pedro tiene 16 años y dos *Pedro ist 16 Jahre alt und hat*
hermanos: *zwei Geschwister:*
Ana, la hermana **mayor**, *Ana, die ältere Schwester, ist*
de 19 años *19 Jahre*
y Juan, el hermano **menor**, *und Juan, der jüngere Bruder,*
de 13 años. *ist 13 Jahre.*

Der Superlativ

◇ Der Superlativ setzt sich aus **bestimmtem Artikel** bzw.
Possessivbegleiter und dem **Komparativ** zusammen.

Carlos es **el** (chico) **más** *Carlos ist der schlauste*
listo de la clase. *(Junge) in der Klasse.*
Este es **el** (tema) **menos** *Das ist das am wenigsten*
interesante. *interessante (Thema).*
Juan es **mi mejor** amigo. *Juan ist mein bester Freund.*
La peor nota la he tenido *Die schlechteste Note habe*
en física. *ich in Physik bekommen.*
Juana es **la mayor**. *Juana ist die Älteste.*
Pablo es **mi** hermano *Pablo ist mein jüngster*
menor. *Bruder.*

Als Superlativ stehen *mayor* bzw. *menor* auch vor abstrakten Substantiven (↗ 5.4, S. 17).

| El **mayor** problema para mí es la gramática. | *Das größte Problem für mich ist die Grammatik.* |
| No tengo la **menor** idea. | *Ich habe nicht die geringste Idee.* |

Natürlich gibt es auch den Superlativ zu den substantivierten Adjektiven (↗ 3.1, S. 11).

Beispiele: lo más interesante – *das Interessanteste*, lo mejor – *das Beste*, lo peor – *das Schlechteste*

6 Pronomen
Pronombres

6.1 Das Personalpronomen

Formen

Unbetonte Personalpronomen

		Subjektpronomen (wer? was?)		unbetontes Objektpronomen direkt (Akkusativ) (wen? was?)		
sing.	1.	**yo**	*ich*		**me**	*mich*
	2.	**tú**	*du*		**te**	*dich*
	3.	**él**	*er*	**lo/le**		*ihn*
		ella	*sie*	**la**		*sie*
		usted (Vd.)	*Sie*	**lo/le**	(m.)	*Sie*
				la	(f.)	
pl.	1.	**nosotros, -as**	*wir*		**nos**	*uns*
	2.	**vosotros, -as**	*ihr*		**os**	*euch*
	3.	**ellos**	*sie*	**los/les**		*sie*
		ellas		**las**		
		ustedes (Vds.)	*Sie*	**los/les**	(m.)	*Sie*
				las	(f.)	

Betonte Personalpronomen

◆ Bei den betonten Objektpronomen gibt es nur für die 1. und 2. Person Singular eine Sonderform, für alle anderen Personen werden die links aufgeführten Subjektpronomen verwendet.

a de para por	} {	**mí** **ti** **él/ella/Vd.** **...**	*an* *von* *für* *wegen*	*mich/mir* *dich/dir* *ihn/ihm/Sie/ihr…*

◆ Für die 3. Person gibt es eine weitere **reflexive** Sonderform.

Beispiel: Sólo piensa en **sí**. – *Sie/Er denkt nur an sich.*

◆ Nach der Präposition *con* gibt es für die 1., 2. und **reflexive** 3. Person Singular eine weitere Sonderform:

conmigo – *mit mir*, contigo – *mit dir*, consigo – *mit sich*

Fortsetzung unbetonte Formen

unbetontes Objektpronomen			
indirekt (Dativ) (wem?)		reflexiv	
me		*mich, mir*	
te		*dich, dir*	
le	*ihm* *ihr* *Ihnen*	**se**	*sich*
nos		*uns*	
os		*euch*	
les	*ihnen* *Ihnen*	**se**	*sich*

Gebrauch

◆ Da die Verbform schon die Personen kennzeichnet, werden die **Subjektpronomen** nur zur Hervorhebung (z.B. bei Gegenüberstellungen) oder zur Vermeidung von Mehrdeutigkeiten (z.B. bei der 3. Person) gebraucht.

> **Yo** voy a casa, ¿y **tú**?   *Ich gehe nach Hause, und **du**?*
> Es **Vd**. muy amable.   *Sie sind sehr freundlich.*

➡ Bei den **direkten Objektpronomen** ziehen viele Spanier bei **männlichen Personen** die Formen *le/les* den Formen *lo/los* als direktes Objektpronomen vor.

Beispiel: Le/Les conozco. – *Ich kenne ihn/Sie.*

Richtig ist aber genauso:

Beispiel: Lo/Los conozco. – *Ich kenne ihn/Sie.*

◆ Die **betonten Objektpronomen** stehen immer nur nach Präpositionen. Sie werden unter anderem mit der Präposition *a* zur Betonung der direkten oder indirekten Objektpronomen gebraucht.

> A **mí** no me gustan estos libros.   *Mir gefallen diese Bücher nicht.*
> A **ellas** no las conozco.   *Sie kenne ich nicht.*

➡ Sie können dabei aber nicht allein stehen, d.h., das unbetonte Objektpronomen **muss** ebenfalls vor dem Verb stehen!

Stellung

◆ Die unbetonten Objektpronomen stehen unmittelbar vor dem konjugierten Verb.

> ¿**Lo** comprendes?   *Verstehst du es?*
> No **te** entiendo.   *Ich verstehe dich nicht.*

◆ An Infinitiv, Gerundium und Imperativ werden die Objektpronomen angehängt.

Es fácil ver**la**.	*Es ist leicht sie zu sehen.*
Dame el libro.	*Gib mir das Buch.*

◆ Werden ein konjugiertes Verb und ein Infinitiv oder Gerundium zusammen verwendet, so sind beide Stellungen möglich.

Lo quiero ver.	Quiero ver**lo**.	*Ich will es sehen.*
Lo estoy leyendo.	Estoy leyéndo**lo**.	*Ich lese es gerade.*

◆ Treffen zwei Objektpronomen zusammen, so steht – anders als im Deutschen – das indirekte vor dem direkten Pronomen.

Te lo doy. (el libro)	*Ich gebe es dir. (das Buch)*
Dímelo.	*Sag es mir.*

➡ Dabei werden *le* oder *les* vor *lo*, *los*, *la* oder *las* zu *se*.

Se lo digo	(a él/a ella/a usted).	*Ich sage es ihm/ihr/ ihnen/Ihnen.*
Dáselo	(a ellos/a ellas/a ustedes).	*Gib es ihm/ihr/ihnen.*

Wie die Beispiele zeigen, ist die Bezugsperson von *se* oft unklar. In solchen Fällen wird diese näher bestimmt.

Beispiel: ¿**Se** lo has dicho **a él**? – *Hast du es ihm gesagt?*

➡ Achte bei der Hintanstellung von Pronomen auf die Einhaltung der **Betonungs- und Akzentregeln** (↗ S. 9): Beim Anhängen an ein Gerundium muss **immer** ein Akzent gesetzt werden, ebenfalls beim Anhängen von **zwei** Objektpronomen an einen Infinitiv oder Imperativ.

Estoy escribiendo.	*Ich schreibe gerade.*	Estoy escribi**é**ndola.	*Ich schreibe ihn gerade.*
Voy a escribir.	*Ich werde schreiben.*	Voy a escrib**í**rosla.	*Ich werde ihn euch schreiben.*
Di.	*Sag!*	D**í**melo.	*Sag es mir!*

6.2 Die Possessivpronomen

Unbetonte Formen

		Besitzer	Besitz singular		
			masc.	fem.	
sing.	1.	(yo)		**mi**	*mein(e)*
	2.	(tú)		**tu**	*dein(e)*
	3.	(él) (ella) (Vd.)		**su**	*sein(e)* *ihr(e)* *Ihr(e)*
pl.	1.	(nosotros,-as)	**nuestro**	**nuestra**	*unser(e)*
	2.	(vosotros,-as)	**vuestro**	**vuestra**	*euer(e)*
	3.	(ellos) (ellas) (Vds.)		**su**	*ihr(e)* *ihr(e)* *Ihr(e)*

Gebrauch der unbetonten Possessivpronomen

◆ Die unbetonten Possessivpronomen stehen vor dem Substantiv, auf das sie sich beziehen; zwischen beiden kann noch ein Adjektiv stehen.

> **Mi** padre se llama Juan. *Mein Vater heißt Juan.*
> **Su** madre es alemana. *Seine/ihre/Ihre Mutter ist Deutsche.*
> ¿Quién es **vuestra** *Wer ist eure beste Freundin?*
> mejor amiga?
> **Nuestros** queridos hijos. *Unsere geliebten Kinder.*

◆ Anders als im Deutschen wird im Spanischen oft der bestimmte Artikel benutzt, wenn die „Besitzverhältnisse" klar sind.

> **Se** pone el abrigo. *Er setzt seinen Hut auf.*
> **Me** duele la pierna. *Mein Bein tut (mir) weh.*

		Besitzer	Besitz	
			plural	
			masc.	fem.
sing.	1.	(yo)	**mis**	*meine*
	2.	(tú)	**tus**	*dein(e)*
	3.	(él) (ella) (Vd.)	**sus**	*seine* *ihre* *Ihre*
pl.	1.	(nosotros,-as)	**nuestros** **nuestras**	*unsere*
	2.	(vosotros,-as)	**vuestros** **vuestras**	*eure*
	3.	(ellos) (ellas) (Vds.)	**sus**	*ihre* *ihre* *Ihre*

Betonte Formen ↗ Tabelle S. 26

Gebrauch der betonten Possessivpronomen

 Die betonten Possessiva stehen

◆ allein nach dem Verb *ser*

Beispiel: Esta cinta es **mía**. – *Diese Kassette gehört mir.*

◆ allein nach dem bestimmten Artikel

Beispiel: Mi moto me gusta más que la **tuya**. – *Mein Motorrad gefällt mir besser als deins.*

◆ im Sinne von „eine(r) von mehreren"

Beispiel: Puri es una amiga suya. – *Puri ist eine seiner/ihrer Freundinnen.*

◆ in der 1. Person in Ausrufen

Beispiel: ¡Dios **mío**! – *Mein Gott!*

Betonte Formen

		Besitzer	Besitz		
				singular	
			masc.	fem.	
sing.	1.	(yo)	**mío**	**mía**	*mein(e)*
	2.	(tú)	**tuyo**	**tuya**	*dein(e)*
	3.	(él) (ella) (Vd.)	**suyo**	**suya**	*sein(e)* *ihr(e)* *Ihr(e)*
pl.	1.	(nosotros,-as)	**nuestro**	**nuestra**	*unser(e)*
	2.	(vosotros,-as)	**vuestro**	**vuestra**	*euer(e)*
	3.	(ellos) (ellas) (Vds.)	**suyo**	**suya**	*ihr(e)* *ihr(e)* *Ihr(e)*

6.3 Die Demonstrativpronomen

Formen

	beim **Sprecher:** diese(r/s) hier		beim **Hörer/Leser:** diese(r/s) da		weiter **entfernt**/bei einer dritten Person: jene(r/s) dort	
	sing.	plural	sing.	plural	sing.	plural
masc.	**este**	**estos**	**ese**	**esos**	**aquel**	**aquellos**
fem.	**esta**	**estas**	**esa**	**esas**	**aquella**	**aquellas**
neutr.	**esto**		**eso**		**aquello**	
entspre-chendes Adverb	**aquí**		**ahí**		**allí**	

Fortsetzung betonte Formen

		Besitzer	Besitz		
				plural	
			masc.	fem.	
sing.	1.	(yo)	**míos**	**mías**	*meine*
	2.	(tú)	**tuyos**	**tuyas**	*dein(e)*
	3.	(él) (ella) (Vd.)	**suyos**	**suyas**	*seine* *ihre* *Ihre*
pl.	1.	(nosotros,-as)	**nuestros**	**nuestras**	*unsere*
	2.	(vosotros,-as)	**vuestros**	**vuestras**	*euere*
	3.	(ellos) (ellas) (Vds.)	**suyos**	**suyos**	*ihre* *ihre* *Ihre*

◆ Gebrauch der Demonstrativpronomen

Im Spanischen wird genauer als im Deutschen zwischen
„diesem" und „jenem" unterschieden: Es wird darauf geach-
tet, ob sich die Pronomen auf eine Person oder Sache
beziehen, die sich beim Sprecher (= 1. Person), beim Hörer
(= 2. Person) oder aber an einem anderen Ort (eventuell bei
einer dritten Person) befindet – die jeweilige deutsche
Entsprechung ist ungenau, weil dort nur ein bis zwei Demon-
strativa gebraucht werden: (dies –) das (– evtl.: jenes).

Sprecher   Hörer   3. (unbeteiligte) Person

Esta raqueta es nueva.	Dame **esa** pelota.	¿Quién es **aquel** chico?
Dieser Schläger *ist neu.*	*Gib mir* **den** *Ball* **da.**	*Wer ist* **der** *Junge* **da/dort**?

◆ Durch die unterschiedliche Anwendung wird auch zeitliche Nähe oder Distanz ausgedrückt.

Beispiele: esta semana – *diese Woche,* **ese** día – *an dem/jenem Tag,* **aquel** año – *in jenem/dem Jahr*

❗ Achte darauf, dass diese Konstruktionen im Spanischen – anders als im Deutschen – **ohne** Präposition stehen.

◆ Die neutralen Demonstrativpronomen *esto, eso, aquello* stehen immer ohne Substantiv und beziehen sich nur auf Sachverhalte oder nicht identifizierte Dinge. Dabei wird *eso* weitaus häufiger gebraucht als *esto* bzw. *aquello.*

Beispiele: ¿Qué es **esto**? – *Was ist das?* **Eso** es. – *Das/So ist es.*

◆ Bei **Personen** muss auf jeden Fall immer die **maskuline** oder **feminine** Form gebraucht werden.

Beispiel: ¿Quién es **éste**? – *Wer ist das?*

❗ Achte auf den **Akzent** bei Demonstrativpronomen, die **kein Nomen** begleiten!

◆ Anders als im Deutschen beziehen sich auch die Demonstrativpronomen, die am Satzanfang stehen, auf die entsprechenden Substantive.

Estas son las chicas alemanas que …	***Das*** *sind die deutschen Mädchen, die …*

Besonderheiten

◆ Das Demonstrativum *ese/esa/…* wird häufig im despektierlichen (= abschätzigen) Sinn gebraucht.

¿Te gusta **ese** cuadro?	*(sinngemäß:)*	*Gefällt dir (etwa) das Gemälde? (Mir nicht.)*
¿Qué te parece el profe **ese**?	*(sinngemäß:)*	*Was hältst du von dem Lehrer da? (Ich mag ihn nicht.)*

Dabei wird durch die **Nachstellung** des Pronomens *ese* oft eine noch stärkere Geringschätzung ausgedrückt.

Die Demonstrativa *este/...* – *aquel/...* werden in einem Satzgefüge benutzt, um zwischen zwei Substantiven zu unterscheiden; *este* bezieht sich dann auf das zuletzt genannte, *aquel* auf das zuerst genannte (weil es weiter entfernt ist).

Beispiel: Mira, allí están María y Puri. **Esta** es mi hermana, **aquella** es su amiga. – *Guck mal, da sind María und Puri. Letztere/Diese ist meine Schwester, erstere/jene ist ihre Freundin.*

6.4 Die Relativpronomen

Formen und Gebrauch

que		quien	quienes
el que	los que		
la que	las que		
lo que			
el cual	los cuales	cuyo	cuyos
la cual	las cuales	cuya	cuyas
lo cual			

Das **meistbenutzte** Relativpronomen ist *que*. Es hat die Funktion des **Subjekts** oder des **direkten Objekts** und steht für **männliche** oder **weibliche Personen** oder **Sachen**.

Es steht im Singular oder Plural im Nominativ oder Akkusativ.

Las personas **que** todavía no han pagado ...	*(Nom.)*	*Die Personen, die noch nicht bezahlt haben ...*
Los hombres **que** vimos ayer ...	*(Akk.)*	*Die Männer, die wir gestern gesehen haben ...*
Un coche **que** cuesta un ojo de la cara.	*(Nom.)*	*Ein Auto, das sündhaft teuer ist.*
... la cantidad de inglés **que** he aprendido	*(Akk.)*	*... die Menge Englisch, die ich gelernt habe*

◆ Mit einer Präposition kann *que* für **männliche** und **weibliche Sachen** im **Singular** und **Plural** stehen.

$$\left.\begin{array}{l} a \\ con \\ de \\ en \end{array}\right\} que$$

El libro **con que** estudias
español ...
Las casetes **de que** me
hablaste ...

*Das Buch, mit dem du
Spanisch lernst ...*
*Die Kassetten, von denen
du mir erzählt hast ...*

◆ Mit der Präposition *a* + Artikel steht *que* für **Personen** als **indirektes** oder **direktes Objekt**.

$$\left.\begin{array}{l} al \\ a la \\ a los \\ a las \end{array}\right\} que$$

La mujer **a la que** (dir. Obj.)
llamaste ...
Los hombres **a los** (indir. Obj.)
que escribí ...

*Die Frau, die du ange-
rufen hast ...*
*Die Männer, denen ich
geschrieben habe ...*

◆ Präposition + Artikel + *que* steht sehr oft für **Personen** sowie **alle anderen Angaben** (Ursache, Zweck, Ort, Zeit, Richtung ...).

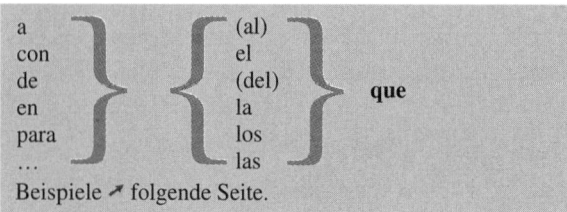

$$\left.\begin{array}{l} a \\ con \\ de \\ en \\ para \\ ... \end{array}\right\} \left\{\begin{array}{l} (al) \\ el \\ (del) \\ la \\ los \\ las \end{array}\right\} que$$

Beispiele ⬈ folgende Seite.

La gente **con la que** lo pasé bomba ...	*Die Leute, mit denen ich mich köstlich amüsierte ...*
El chico **del que** me hablaste ayer ...	*Der Junge, von dem du mir gestern erzählt hast ...*
La ciudad **a la que** voy a viajar ...	*Die Stadt, in die ich fahren werde ...*
Los discos **por los que** fuiste a Londres ...	*Die Platten, wegen denen du nach Londen gefahren bist ...*
El concierto **para el que** fui a Madrid ...	*Das Rockkonzert, zu dem (= dessentwegen) ich nach Madrid gefahren bin ...*

◇ Artikel + *que* leitet einen **Relativsatz ohne Bezugswort** ein.

$$\left.\begin{array}{l} \text{el} \\ \text{la} \\ \text{los} \\ \text{las} \\ \text{lo} \end{array}\right\} \textbf{que}$$

Cuéntame **lo que** hacías cada día.	*Erzähl mir, was du jeden Tag gemacht hast.*
Los que todavía no han pagado ...	*Diejenigen, die noch nicht bezahlt haben ...*

◇ *Quien* steht meist mit Präpositionen und immer ohne Artikel für Personen.

$$\left.\begin{array}{l} \text{(a)} \\ \text{(de)} \\ \text{(con)} \end{array}\right\} \textbf{quien}$$

La chica **a quien** llamé ayer ...	*Das Mädchen, das ich gestern angerufen habe ...*
La familia **con quien** viví ...	*Die Familie, bei der ich wohnte ...*

◆ *Cual* wird sehr selten gebraucht.

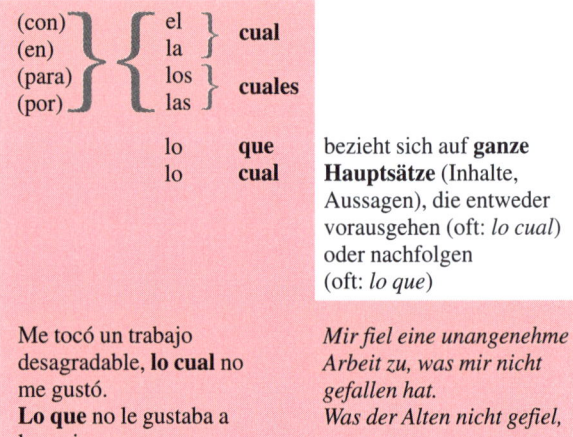

(con)
(en)
(para)
(por)

el
la **cual**
los
las **cuales**

lo **que**
lo **cual**

bezieht sich auf **ganze Hauptsätze** (Inhalte, Aussagen), die entweder vorausgehen (oft: *lo cual*) oder nachfolgen (oft: *lo que*)

Me tocó un trabajo desagradable, **lo cual** no me gustó.
Lo que no le gustaba a la anciana era ...

Mir fiel eine unangenehme Arbeit zu, was mir nicht gefallen hat.
Was der Alten nicht gefiel, war ...

◆ *Cuyo* steht als Relativpronomen im „Genitiv" **immer** mit einem **darauffolgenden Substantiv**, auf das sich auch seine Endung **bezieht**.

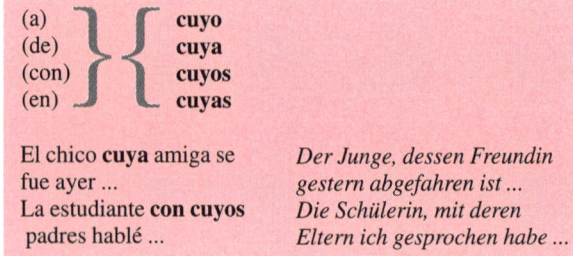

(a)
(de) **cuyo**
(con) **cuya**
(en) **cuyos**
cuyas

El chico **cuya** amiga se fue ayer ...
La estudiante **con cuyos** padres hablé ...

Der Junge, dessen Freundin gestern abgefahren ist ...
Die Schülerin, mit deren Eltern ich gesprochen habe ...

6.5 Die indefiniten Pronomen

Formen und Gebrauch

Nur substantivisch gebrauchte indefinite Pronomen
Diese sind unveränderlich.

algo	etwas	für Sachen
nada	nichts	
alguien	jemand	für Personen
nadie	niemand	

¿Entiendes **algo**?	*Verstehst du etwas?*
No, no entiendo **nada**.	*Nein, ich verstehe nichts.*
¿Hay **alguien** aquí?	*Ist hier jemand?*
No, no hay **nadie**.	*Nein, hier ist niemand.*

Substantivisch und adjektivisch gebrauchte indefinite Pronomen
Diese sind veränderlich.

alguno / algún	*(irgend) einer*	**algunos**	
alguna	*(irgend) eine*	**algunas**	*einige*
ninguno/ningún	*keiner, kein einziger*		
ninguna	*keine, keine einzige*		
cualquier(a)	*jeder*		

Beispiele für substantivischen Gebrauch

¿**Alguno** de vosotros tiene una idea?	*(Subjekt)*	*Hat einer von euch eine Idee?*
Yo tengo **algunas** de sus películas en vídeo.	*(direktes Objekt)*	*Ich habe ein paar seiner/ihrer Filme als Video.*

Weitere Beispiele für substantivischen Gebrauch

¿Conoces a **algunos** de estos chicos?	*(direktes Objekt)*	*Kennst du einige dieser Jungen?*
No, a **ninguno**.	*(direktes Objekt)*	*Nein, keinen.*
Eso lo sabe **cualquiera**.		*Das weiß jeder.*

Beispiele für adjektivischen Gebrauch

¿Ha venido **algún** chico interesante?	*(Subjekt)*	*Ist irgendein interessanter Junge gekommen?*
¿Tienes **algunas** fotos de tu hermana?	*(direktes Objekt)*	*Hast du ein paar Fotos von deiner Schwester?*
No, **ninguna**.	*(direktes Objekt)*	*Nein, keins/kein einziges.*
Cualquier hombre lo haría.		*Jeder Mann würde das machen.*

 Ist ein indefinites Pronomen **direktes Objekt**, das sich auf **Personen** bezieht, so wird ihm die Präposition *a* vorangestellt.

Beispiel: Esperas **a algún** otro invitado? – *(direktes Objekt)*
Erwartest du noch irgendeinen Gast?

Zum indefiniten Begleiter **unos/unas** ↗ 3.2, S. 12.
Zur Verneinung und entsprechenden Wortstellung ↗ S. 99.

6.6 Mehrere Verneinungen in einem Satz

◇ Im Spanischen gilt es als normal, doppelte oder mehrfache Verneinungen in einem Satz zu verwenden – anders als im Deutschen.

Este chico **nunca** dice **nada**.	*Der Junge sagt **nie etwas**.*
Nadie hace **nada** por **nadie**.	*Niemand tut **etwas** für jemand anderen.*

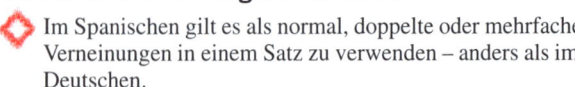

7 Das Adverb
El adverbio

Adverbien bestimmen ein **Verb**, ein **Adjektiv**, ein anderes **Adverb** oder einen **ganzen Satz** näher.

7.1 Abgeleitete Adverbien

◆ Im Spanischen können von den meisten Adjektiven Adverbien abgeleitet werden. Dies geschieht durch das Anhängen von *-mente* an die **feminine** Form des Adjektivs.

tranquilo/-a: Trabaja tranquila**mente**.	*Sie arbeitet ruhig.*
inteligente*: Lo hace inteligente**mente**.	*Er macht es intelligent.*

* Hier ist das Adjektiv einendig.

➡ Hat das Adjektiv, von dem ein Adverb abgeleitet wird, einen Akzent, behält das Adverb diesen.

rápido/-a:	Lo hace todo **rá**pidamente.	*Er macht alles sehr schnell.*
fácil:	Se lo comprende **fá**cil-mente.	*Man versteht ihn leicht.*

◆ Den Adjektiven *bueno* und *malo* entsprechen die Adverbien *bien* und *mal*.

Trabaja **bien**.	*Sie arbeitet gut.*
Entiendo **mal**.	*Ich verstehe schlecht.*

◆ Beziehen sich zwei oder mehr Adverbien mit der Endung *-mente* auf ein Verb oder Adjektiv, so behält nur das letzte Adverb die Adverbialform, die vorhergehenden stehen in der **femininen Singularform** des Adjektivs.

Beispiel: Políti**ca**, social y económica**mente**, España va bien.
– *Spanien geht es politisch, sozial und wirtschaftlich gut.*

7.2 Adverbien mit adjektivischer Form

◆ Folgende häufig benutzten Adverbien haben die Form eines maskulinen Adjektivs im Singular.

hablar **alto**	*laut sprechen*
hablar **bajo**	*leise sprechen*
comprar **barato**	*billig kaufen*
vender **caro**	*teuer verkaufen*
trabajar **duro**	*hart arbeiten*
llegar **pronto**	*bald ankommen*

7.3 Ursprüngliche Adverbien

◆ **Ursprüngliche** Adverbien sind solche, zu denen es keine entsprechenden Adjektive gibt. Dazu gehören z.B.

◆ Adverbien der Art und Weise (Modaladverbien)

así	*so*	**como**	*wie*
bien	*gut*	**mal**	*schlecht*

◆ Adverbien des Grades, der Menge, des Vergleichs

algo	*etwas*	**más**	*mehr*
bastante	*ziemlich, genug*	**mucho, muy**	*viel, sehr*

➤ *mucho* steht vor Verben, *muy* vor Adjektiven.

Beispiele: Trabaja **mucho**. – *Er arbeitet viel.* Es un tema **muy** interesante. – *Das ist ein sehr interessantes Thema.*

◆ Adverbien der Zeit (Temporaladverbien)

ahora	*jetzt*	**siempre**	*immer*
ayer	*gestern*	**ya**	*schon*

◆ Adverbien des Ortes (Lokaladverbien)

aquí	*hier*	**donde**	*wo*
cerca	*in der Nähe*	**fuera**	*außen, draußen*

◆ Adverbien der Bejahung und Verneinung

no	*nein*	**también/tampoco**	*auch/auch nicht*
sí	*ja*	**ya no**	*nicht mehr*

Die Verneinung von *también* ist *tampoco*!

Beispiele: Elena viene **también**. – *Elena kommt **auch**.* Merce no viene **tampoco**. – *Merce kommt **auch nicht**.*

Zur Verneinung und entsprechenden Wortstellung ⬈ S. 99.

◆ Adverbien des Zweifels

quizá(s)	*vielleicht*
tal vez	*vielleicht*

7.4 Adverbien im Deutschen – adverbiale Ausdrücke im Spanischen

Im Deutschen gibt es eine ganze Reihe von Adverbien, die im Spanischen eine andere Entsprechung haben. Da dies ein lexikalisches und kein grammatikalisches Problem ist, werden hier nur die häufig gebrauchten Ausdrücke aufgelistet.

a gusto	*gerne*
a menudo	*oft*
a lo mejor	*vielleicht*
a tiempo	*rechtzeitig*
a veces	*manchmal*
de buena gana	*gern; gutwillig*
de día/de noche	*tagsüber/nachts*
de repente	*plötzlich*
en el fondo	*eigentlich*
en seguida	*sofort*
en serio	*ernsthaft/im Ernst*
muchas veces	*oft*
no … hasta	*erst*
por cierto	*gewiss, bestimmt, natürlich*

7.5 Komparativ und Superlativ

 Die meisten Adverbien werden wie Adjektive gesteigert.

Komparativ:	Corre **más rápidamente** que tú.	*Sie läuft schneller als du.*
Superlativ:	Trabaja **lo más lentamente**. Oder: Trabaja lentísimamente.	*Er arbeitet am langsamsten.*

Der Superlativ mit *lo más* ist weniger gebräuchlich. Stattdessen kann man **Umschreibungen** verwenden.
Beispiele: Es **el que** más lentamente trabaja.
Trabaja más lentamente **que nadie**.

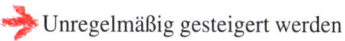 Unregelmäßig gesteigert werden

bien	**mejor**
mal	**peor**
mucho	**más**
poco	**menos**

Lo hace **mejor/peor** que tú.	*Er macht es **besser/schlechter** als du.*
Trabaja **más/menos** que yo.	*Er arbeitet **mehr/weniger** als ich.*

8 Die Präposition
La preposición

Wie in jeder anderen Sprache gibt es auch im Spanischen häufig und weniger häufig gebrauchte Präpositionen.
Zu den am häufigsten gebrauchten gehören die Präpositionen *a*, *con*, *de*, *en*, *para* und *por*.
Weitere Präpositionen, die häufig gebraucht werden, sind *antes de/delante de/ante*, *debajo de/bajo*, *detrás de/después de/tras*, *entre*, *hacia*, *hasta*, *sin* und *sobre*.

8.1 Die Präposition *a* beim Objekt

Häufig wird vor allem zu Beginn des Spanischlernens die Präposition *a* beim Objekt nicht richtig gebraucht. Darum fangen wir damit an.

Die Präposition *a* wird **immer** vor Substantiven oder Pronomen als **indirektem** Objekt (entspricht dem Dativ im Deutschen) gebraucht.

Puri da la limonada **a** Merce.	*Puri gibt Merce die Limonade.*
A nosotros siempre nos escriben saludos de Navidad.	*Uns schreiben sie immer Weihnachtsgrüße.*

◆ Komplizierter ist der Gebrauch von *a* beim **direkten** Objekt (entspricht Akkusativ im Deutschen). Hier sollen nur die wichtigsten Fälle dargestellt werden.

¿Conoces **a** mi padre?	*Kennst du meinen Vater?*
No veis **a** Manolo?	*Seht ihr Manolo nicht?*
Busco **a** mi perro.	*Ich suche meinen Hund.*

In diesen Fällen sind die direkten Objekte bestimmte Personen oder nahestehende Tiere. Aber auch bei personifizierten Substantiven bzw. Eigennamen ohne Artikel steht meist die Präposition *a*.

No temo **a** la Muerte.	*Ich fürchte den Tod nicht.*
Quiero mucho **a** España.	*Ich liebe Spanien sehr.*

In den übrigen Fällen wird beim direkten Objekt keine Präposition gebraucht.

Beispiel: ¿Habéis visto los coches? – *Habt ihr die Autos gesehen?*

8.2 Wichtige Präpositionen des Orts, der Richtung und der örtlichen Beziehungen

❗ Eine häufige Fehlerquelle für diejenigen unter euch, die schon Französisch gelernt haben, ist der **örtliche** Gebrauch von *a*, *de* und *en*. Daher zuerst ein Schema, das dir helfen soll, diese Fehler zu vermeiden:

Her-kunft	**de**	Puri viene **del** instituto.	*Puri kommt **aus** der Schule.*
		Vengo **de** Madrid.	*Ich komme **aus** Madrid.*
		Soy **de** España.	*Ich bin (komme, stamme) **aus** Spanien.*

Ort	en	Pedro está **en** la plaza.	*Pedro ist **auf** dem Platz.*
		Mi hermana está **en** Santiago.	*Meine Schwester ist (befindet sich) **in** Santiago.*
		El libro está **en** la mesa.	*Das Buch ist (liegt) **auf** dem Tisch.*
Ziel	a	Miguel va **a** casa de Merce.	*Miguel geht **zu** Merce.*
		José va **a** Valencia.	*José fährt **nach** Valencia.*
		Mañana vamos **a** Argentina.	*Morgen fahren (fliegen) wir **nach** Argentinien.*

Den Biologen unter euch hilft vielleicht die Eselsbrücke der „**DNA**"-Analyse: *de → en → a.*

Weitere Präpositionen der Herkunft bzw. der Richtung sind:

| **desde (... hasta)** | **Desde** Santiago **hasta** Oviedo son unos 350 km. | *Von Santiago bis Oviedo sind es ungefähr 350 km.* |
| **hacia** | Los pájaros vuelan **hacia** el sur. | *Die Vögel fliegen **(in) Richtung/nach** Süden.* |

Zum zeitlichen Gebrauch S. 43.

Häufig gebrauchte Präpositionen der **örtlichen Beziehungen** sind:

detrás de	La silla está **detrás de** la mesa.	*Der Stuhl ist **hinter** dem Tisch.*
delante de	Mari está **delante de** la mesa.	*Mari ist **vor** dem Tisch.*
al lado de	El señor **está al lado de** la mesa.	*Der Mann steht **neben** dem Tisch.*
en	El libro está **en** la mesa.	*Das Buch liegt **auf** dem Tisch.*
entre	La mesa está **entre** Mari y la silla.	*Der Tisch ist **zwischen** Mari und dem Stuhl.*
debajo de	Miguel está **debajo de** la mesa.	*Miguel ist **unter** dem Tisch.*

Zum zeitlichen Gebrauch von *en* und *entre* ↗ S. 43.

 Im übertragenen Sinn werden für „nach", „vor", „unter" folgende Präpositionen gebraucht:

tras	Llegan uno **tras** otro.	*Sie kommen einer **nach** dem anderen an.*
ante	Me encontré **ante** una situación desagradable. **Ante** la ley todos son iguales.	*Ich befand mich **vor** einer unangenehmen Situation.* ***Vor** dem Gesetz sind alle gleich.*
bajo	**Bajo** Franco hubo mucha injusticia.	***Unter** Franco gab es viel Unrecht.*

8.3 Wichtige Präpositionen, die zeitliche Beziehungen herstellen

 Die gängigsten Präpositionen der Zeit sind:

a	Viene **a** las ocho.	*Er kommt **um** acht Uhr.*
	Volvimos a vernos **al** día siguiente.	*Wir sahen uns **am** nächsten Tag wieder.*
	Se casó **a** los 25 años.	*Sie heiratete **mit** 25 Jahren.*
de	Aquel año trabajó **de** día y **de** noche.	*In jenem Jahr arbeitete sie tags und nachts.*
de … a	Trabajamos **de** ocho **a** once.	*Wir arbeiten **von** acht **bis** elf (Uhr).*
	Volveré **de** aquí **a** un año.	*Ich komme **heute in** einem Jahr wieder.*
desde (… hasta)	Me quedé **desde** las nueve **hasta** las diez.	*Ich blieb **von** neun **bis** zehn Uhr.*

Zum örtlichen Gebrauch dieser Präpositionen ↗ S. 40-41.

Weitere häufig gebrauchte Präpositionen der **zeitlichen Beziehungen** sind:

antes de	Nunca me levanto **antes de** las siete.	*Ich stehe nie **vor** sieben Uhr auf.*
después de	**Después de** la clase vuelvo a casa.	***Nach** der Schule gehe ich nach Hause.*
en	**En** verano vienen muchos turistas.	***Im** Sommer kommen viele Touristen.*
entre	Nos esperan **entre** las seis y las siete.	*Sie erwarten uns **zwischen** sechs und sieben Uhr.*
hacia	El concierto termina **hacia** las once.	*Das Konzert hört **gegen/ungefähr um** elf Uhr auf.*

Zum örtlichen Gebrauch von *en*, *entre* und *hacia* ↗ S. 41 und 42.
Zu „vor" und „nach" im übertragenen Sinn ↗ S. 42.

8.4 Weitere Funktionen einzelner Präpositionen

a

◆ Neben den unter 8.1 bis 8.3 (S. 39–43) genannten Funktionen
wird *a* benutzt:

♦ örtlich:

Nos sentamos **a** la mesa.	*Wir setzen uns **an** den Tisch.*
Métete **a** la sombra.	*Setz dich **in** den Schatten.*
Gira **a** la izquierda.	*Biege **nach** links ab.*
El ayuntamiento está **a** la derecha.	*Das Rathaus ist links.* *(hier wird a nicht übersetzt)*

♦ zum Ausdruck der Art und Weise:

Voy **a** pie.	*Ich gehe **zu** Fuß.*
Ana va **a** caballo.	*Anna reitet.*
Esta carta está escrita **a** máquina.	*Dieser Brief ist maschinengeschrieben.*
Merluza **a** la vasca.	*Seehecht **auf** baskische Art.*

de

◆ Neben den unter 8.2 bis 8.3 (S. 40–43) genannten Funktionen
wird *de* benutzt zum Ausdruck von:

♦ Besitz (in diesem Fall steht im Deutschen keine Präposition):

La bicicleta es **de** Pedro.	*Das Fahrrad gehört Pedro.*
La moto **de** Miguel es roja.	*Miguels Motorrad ist rot.*

♦ Stoff/Material:

La mochila es **de** materia sintética.	*Der Rucksack ist **aus** Kunststoff.*

Oft entspricht diese Konstruktion im Deutschen einem zusammengesetzten Substantiv bzw. einem Substantiv mit attributivem Adjektiv:

Le regalaron un reloj **de** oro.	*Sie schenkten ihm eine goldene Uhr.*
Lleva una camisa **de** algodón.	*Er trägt ein Baumwollhemd.*

◆ Merkmal:

Es una chica **de** piel morena.	*Sie ist ein Mädchen mit dunkler Haut.*

◆ Menge (in diesem Fall steht im Deutschen keine Präposition):

Compré un kilo **de** tomates.	*Ich habe ein Kilo Tomaten gekauft.*
Se bebió dos vasos **de** vino.	*Er trank zwei Gläser Wein.*
Compramos un poco **de** queso.	*Wir kauften etwas Käse.*

◆ Ursache, Grund:

Nos morimos **de** risa.	*Wir lachten uns tot.*
Me morí **de** miedo.	*Ich fiel vor Angst tot um.*
Se murió **de** SIDA.	*Er starb an AIDS.*

◆ Ortsangaben/geographischen Namen (in diesem Fall steht im Deutschen keine Präposition):

Palamós está en la provincia **de** Girona.	*Palamós ist in der Provinz Gerona.*
La isla **de** Malta está en el Mediterráneo.	*Die Insel Malta liegt im Mittelmeer.*

- Datum (*de* steht zwischen Tag und Monat **und** Monat und Jahr; auch in diesem Fall steht im Deutschen keine Präposition):

Hoy es (el) dos **de** mayo.	*Heute ist der 2. Mai.*
Madrid, (a) quince **de** abril **de** 1998.	*Madrid, den 15. April 1998.*
En el mes **de** agosto hace mucho calor.	*Im Monat August ist es sehr heiß.*

- Kombination von Uhr- und Tageszeit:

Las tiendas abren a las diez **de** la mañana.	*Die Geschäfte öffnen um zehn Uhr morgens.*
a las cuatro **de** la tarde	*um vier Uhr nachmittags*
a las once **de** la noche	*um elf Uhr nachts*

Zu den Tageszeiten ohne Uhrzeit ⤴ *por* (S. 50 oben).

desde/desde hace

Neben der Bedeutung von „von" (⤴ S. 43) hat *desde/desde hace* die von „seit", wobei *desde* sich auf einen Zeit**punkt**, *desde hace* auf einen Zeit**raum** bezieht.

Desde 1898, Cuba es un país independiente.	***Seit** 1898 ist Kuba ein unabhängiges Land.*
Cuba es independiente **desde hace** cien años.	*Kuba ist **seit** 100 Jahren unabhängig.*

en

Neben den unter 8.2 und 8.3 (S. 41-43) genannten Funktionen wird *en* benutzt zum Ausdruck von:

◆ Art und Weise:

¿Qué significa «subjuntivo» en alemán?	*Was heißt „subjuntivo" **auf** Deutsch?*
Fuimos a Medellín **en** avión.	*Wir flogen **mit** dem Flugzeug nach Medellín.*
¿Cómo fuiste? ¿**En** tren?	*Wie fuhrst du dahin? **Mit** dem Zug?*
Nos gusta viajar **en** barco.	*Wir reisen gerne **mit** dem Schiff.*

Ausnahmen: neben *ir a pie*, *ir a caballo* (↗ S. 44) auch:
Por avión. – *Mit Luftpost.*

◆ Richtung. Bei folgenden Verben wird meist *en* benutzt (im Sinne von „in etwas hineingehen"):

Un cliente entra **en** la tienda.	*Ein Kunde betritt das Geschäft.*
En 1808, Napoleón penetró **en** España.	*1812 drang Napoleon **in** Spanien ein.*

8.5 Die „schwierigen" Präpositionen *por* und *para*

Für deutschsprachige Spanischlernerinnen und -lerner ist der richtige Gebrauch dieser beiden Präpositionen ziemlich schwierig, unter anderem weil in manchen Fällen die deutsche Entsprechung für beide Präpositionen gleich ist: „für". Eine Hilfe für die „Franzosen" bzw. „Lateiner" unter euch: Es entsprechen …

Spanisch	Französisch	Latein
para	pour	pro
por	par	per

… und haben oft die gleiche Funktion wie die entsprechenden Präpositionen in den beiden anderen Sprachen.

para

◇ Diese Präposition wird benutzt zum Ausdruck von:

◆ Bestimmung/Zweck/Ziel(richtung):

Este regalo es **para** Julia.	*Dieses Geschenk ist **für** Julia.*
¿Hay algo **para** comer?	*Gibt es etwas **zu** essen?*
Lo haré **para** mañana.	*Ich mache es **für** morgen.*
El profe ya va **para** sesenta.	*Der Lehrer wird schon 60 (Jahre) sein/geht schon auf die 60 zu.*
El tren **para** Barcelona sale a las ocho.	*Der Zug **nach** Barcelona fährt um acht Uhr ab.*

➤ Bei den meisten Verben der Bewegung wird die Präposition *a* benutzt (↗ S. 41). Die Präposition *para* drückt hier eher die Zielrichtung aus und ist daher weniger bestimmt.
In manchen Fällen kann man dafür auch die Präposition *hacia* benutzen: Va **para** el norte. Va **hacia** el norte.

◆ Verhältnis/Vergleich:

Jorge está muy alto **para** sus 13 años.	*Jorge ist **für** seine 13 Jahre sehr groß.*
Para ser alemán hablas muy bien español.	*Für einen Deutschen sprichst du sehr gut Spanisch.*

por

◇ Die Präposition *por* wird benutzt:

◆ im Passiv vor dem „Urheber" (↗ S. 86):

El poema fue escrito **por** Antonio Machado.	*Das Gedicht wurde **von** Antonio Machado geschrieben.*

◆ zum Ausdruck eines Grundes/einer Ursache:

No puede ir de vacaciones **por** falta de dinero.	*Er kann **aus** Geldmangel nicht in Urlaub fahren.*
Cerrado **por** huelga general.	***Wegen** Generalstreiks geschlossen.*
Lo ha hecho **por** ti.	*Er hat es **für** dich/deinetwegen gemacht.*

Die Schwierigkeit besteht im letzten Beispiel für dich darin, dass du mit Fug und Recht behaupten kannst, man könnte einen Zweck unterstellen (→ *para*). Jedoch tritt im Spanischen der Grund oder Anlass stärker in den Vordergrund („deinetwegen"). Diese Erscheinung tritt bei fast allen Wendungen, die ein Gefühl ausdrücken, auf.

Beispiel: Puri está loca **por** Miguel. – *Puri ist verrückt **nach** Miguel.*

◆ zum Ausdruck eines Durchgangsorts:

Venimos **por** la calle de Goya.	*Wir kamen **durch/über** die Goyastraße.*
Dimos un paseo **por** el barrio.	*Wir machten ein Spaziergang **durch** das Stadtviertel.*
El tren para Madrid pasa **por** Zaragoza.	*Der Zug Richtung Madrid fährt **über** Zaragoza.*

◆ zum Ausdruck **vager** Orts-/Zeitangaben:

¿La pensión Manoli? Está **por** allí.	*Die Pension Manoli? Die ist dahinten.*
Por las afueras hay varias discotecas.	***In** der Umgebung gibt es mehrere Discos.*
La esperamos **por** el 15 de julio.	*Wir erwarten sie um den 15. Juli herum.*

So auch bei der Tageszeit:

Nos vimos **por** la tarde.	*Wir sahen uns nachmittags.*
por la mañana	*morgens/vormittags*
por la noche	*abends/nachts*

Zu den Tageszeiten mit Uhrzeit ↗ *de* (S. 46).

◆ zum Audruck des Mittels/der Art und Weise:

Te mando el paquete **por** avión.	*Ich schicke dir das Paket **mit** Luftpost.*
Se casaron **por** la igesia.	*Sie heirateten kirchlich.*

◆ zum Audruck des Preises/Tauschs:

Compré el ordenador **por** 200.000 pessetas.	*Ich habe den Computer **für** 200.000 Peseten gekauft.*
Te doy la moto **por** el ordenador.	*Ich tausche das Motorrad **gegen** den Computer.*

◆ „anstelle von":

Beispiel: He comprado los sellos **por** ti. – *Ich habe die Brief- marken **für** dich gekauft.*

◆ zum Audruck des Einverständnis:

Beispiel: **Por** mí que lo haga. – *Meinetwegen soll sie es tun.*

◆ zum Audruck von Gleichwertigkeit:

La tenemos **por** una profesora competente.	*Wir halten sie **für** eine kompetente Lehrerin.*

Verb

Es gibt eine Reihe von Verben, die verschiedene Stämme haben, die sich teilweise auch noch innerhalb einer Konjugation ändern.

Du kannst dir das Lernen der Verbformen und Endungen etwas erleichtern, indem du immer daran denkst, dass es im Spanischen – wie im Französischen auch – **zwei** „Personengruppen" gibt:
– stammbetonte
– endungsbetonte

stammbetont	**endungs**betont
1. Person Singular	
2. Person Singular	
3. Person Singular	
	1. Person Plural
	2. Person Plural
3. Person Plural	

Ein **Beispiel**: das unregelmäßige Verb *decir* im Präsens

stammbetont	**endungs**betont
digo	
dices	
dice	
	de**ci**mos
	de**cí**s
dicen	

9 Das Präsens

El presente

9.1 Formen: Regelmäßige Bildung

		habl**ar** *sprechen*	com**er** *essen*	viv**ir** *leben*
sing.	1. (yo)	habl **o**	com **o**	viv **o**
	2. (tú)	habl **as**	com **es**	viv **es**
	3. (él/ella/usted)	habl **a**	com **e**	viv **e**
pl.	1. (nosotros/-as)	habl **amos**	com **emos**	viv **imos**
	2. (vosotros/-as)	habl **áis**	com **éis**	viv **ís**
	3. (ellos/ellas/ustedes)	habl **an**	com **en**	viv **en**

◇ Die Endungen der Verben auf *-er* und *-ir* sind im **Singular** und in der **3. Person Plural** identisch. Nur die **1.** und **2. Person Plural** haben unterschiedliche Endungen.

➤ Die **2. Person Plural** trägt bei allen **mehrsilbigen** Formen einen Akzent!

9.2 Stammveränderung

◇ Bei zahlreichen Verben der *-ar*, *-er* und *-ir*-Konjugation wird der Stammvokal *e* bzw. *o* im gesamten **Singular** und in der **3. Person Plural** in den Diphthong (= Doppellaut) *ie* bzw. *ue* umgewandelt.

[*e → ie*]

pens**ar** *denken*		quer**er** *wollen*		sent**ir** *fühlen*	
p**ie**nso	pensamos	qu**ie**ro	queremos	s**ie**nto	sentimos
p**ie**nsas	pensáis	qu**ie**res	queréis	s**ie**ntes	sentís
p**ie**nsa	p**ie**nsan	qu**ie**re	qu**ie**ren	s**ie**nte	sienten

Ebenso z.B.:

cerr**ar** – *schließen*   entend**er** – *verstehen*   ven**ir** (vengo) – empez**ar** – *anfangen*   ten**er** (tengo) – *haben* kommen sent**ar**se – *sich setzen*

[o → ue]

contar	_rechnen_	poder	_können_	dormir	_schlafen_
cuento	contamos	puedo	podemos	duermo	dormimos
cuentas	contáis	puedes	podéis	duermes	dormís
cuenta	cuentan	puede	pueden	duerme	duermen

Ebenso z.B.:

acordarse – _schließen_   volver – _zurück-_   morir – _sterben_
recordar – _erinnern_   _kehren_
costar – _kosten_
encontrar – _treffen,_
finden

 Die Änderung des Stammvokals _e_ zu _i_ kommt nur in der
3. Konjugationsgruppe (Endung: _-ir_) vor.

[e → i]

pedir	_bitten_
pido	pedimos
pides	pedís
pide	piden

Ebenso z.B.:
repetir – _wiederholen_
seguir – _folgen_
decir (digo) – _sagen_

Vergleiche auch die Hinweise zur Änderung der Schreibweise
nach den Ausspracheregeln des Spanischen S. 107.

9.3 Verben mit unregelmäßiger 1. Person Singular

Infinitiv		1. Pers. Sg.		Ebenso z.B.:
poner	*stellen, legen*	**pongo**	pones, pone, …	suponer, proponer
tener	*haben*	**tengo**	tienes, tiene, …	
venir	*kommen*	**vengo**	vienes, viene, …	convenir
decir	*sagen*	**digo**	dices, dice, …	
hacer	*machen*	**hago**	haces, hace, …	deshacer
salir	*hinaus-gehen*	**salgo**	sales, sale, …	
traer	*bringen*	**traigo**	traes, trae, …	contraer, caer
conocer	*kennen*	**conozco**	conoces, conoce, …	desconocer
parecer	*scheinen*	**parezco**	pareces, parece, …	comparecer, aparecer
reducir	*reduzieren*	**reduzco**	reduces, reduce, …	conducir, producir, traducir
dar	*geben*	**doy**	das, da, …	
saber	*wissen*	**sé**	sabes, sabe, …	

 Diese unregelmäßigen Formen der 1. Person Singular Präsens sind sehr wichtig: Sie enthalten die **Stammformen** für den *presente de subjuntivo* (↗ S. 65).

9.4 Unregelmäßige Verben

ser *sein*	estar *sein*	ir *fahren, gehen*	oír *hören*	ver *sehen*	haber *haben*
soy	estoy	voy	oigo	veo	he
eres	estás	vas	oyes	ves	has
es	está	va	oye	ve	ha
somos	estamos	vamos	oímos	vemos	hemos
sois	estáis	vais	oís	veis	habéis
son	están	van	oyen	ven	han

10 Die Vergangenheitszeiten
Tiempos del pasado

10.1 Formen: Regelmäßige Bildung

	habl**ar** *sprechen*	com**er** *essen*	viv**ir** *leben*
indefinido	habl **é** habl **aste** habl **ó** habl **amos** habl **asteis** habl **aron**	com **í** com **iste** com **ió** com **imos** com **isteis** com **ieron**	viv **í** viv **iste** viv **ió** viv **imos** viv **isteis** viv **ieron**
imperfecto	habl **aba** habl **abas** habl **aba** habl **ábamos** habl **abais** habl **aban**	com **ía** com **ías** com **ía** com **íamos** com **íais** com **ían**	viv **ía** viv **ías** viv **ía** viv **íamos** viv **íais** viv **ían**
perfecto (pasado compuesto)	**he** **has** **ha** habl **ado** **hemos** **habéis** **han**	com **ido**	viv **ido**
pluscuam-perfecto	**había** **habías** **había** habl **ado** **habíamos** **habíais** **habían**	com **ido**	viv **ido**

❗ Verwechsle nicht die Formen des *participio* (**-ado, -ido**) mit
denjenigen des *gerundio* (**-ando, -iendo**) (↗ S. 78).

10.2 Unregelmäßige Formen

Es gibt nur drei unregelmäßige Verben im *imperfecto*. Konzentriere dich daher auf die unregelmäßigen Partizipien des *perfecto* und das *pluscuamperfecto* und die unregelmäßigen Verben des *indefinido*. Sie werden leider sehr häufig gebraucht.

Imperfecto

 Die drei unregelmäßigen Verben des *imperfecto* sind:

ir *gehen*	**ser** *sein*	**ver** *sehen*
iba	era	veía
ibas	eras	veías
iba	era	veía
íbamos	éramos	veíamos
ibais	erais	veíais
iban	eran	veían

Perfecto und *pluscuamperfecto*

 Das *participio perfecto*, das für beide Zeiten gebraucht wird (↗ S. 55), ist bei folgenden Verben unregelmäßig.

abrir	*öffnen*	**abierto**
cubrir	*bedecken*	**cubierto**
decir	*sagen*	**dicho**
escribir	*schreiben*	**escrito**
hacer	*machen*	**hecho**
imprimir	*drucken*	**impreso**
morir	*sterben*	**muerto**
poner	*stellen*	**puesto**
resolver	*lösen*	**resuelto**
romper	*zerbrechen*	**roto**
ver	*sehen*	**visto**
volver	*zurückkehren*	**vuelto**

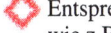 Entsprechend in der Regel auch die davon ableitbaren Verben, wie z.B

poner:	suponer – *vermuten*, proponer – *vorschlagen*
hacer:	deshacer – *zunichte machen*, satisfacer – *befriedigen*
cubrir:	descubrir – *entdecken*
volver:	devolver – *zurückgeben*, envolver – *einwickeln*
resolver:	disolver – *auflösen*

Indefinido

Die Gruppen der Verben auf *-ir*, die im Präsens den Stammvokal verändern ($e \rightarrow ie$, $e \rightarrow i$, $o \rightarrow ue$, $o \rightarrow u$), haben auch im *indefindo* eine **Stammvokalveränderung**: $e \rightarrow i$ bzw. $o \rightarrow u$ in der **3. Person Singular und Plural**.

pedir *bitten*	ebenso:		**morir** *sterben*	ebenso:
pedí			morí	dormir *schlafen*
pediste	repetir	*wiederholen*	moriste	
pidió	seguir	*folgen*	murió	
pedimos	conseguir	*erreichen*	morimos	
pedisteis	elegir	*wählen*	moristeis	
pidieron	sentirse	*sich fühlen*	murieron	

Die unregelmäßigen Formen der 3. Person Plural des *indefinido* sind sehr wichtig: Sie enthalten die **Stammformen** für den *imperfecto de subjuntivo* (S. 72).

Weitere häufig gebrauchte unregelmäßige Verben im *indefinido* sind:

dar *geben*	ir *gehen/fahren* ser *sein*	estar *sein*	tener *haben*
di	fui	estuve	tuve
diste	fuiste	estuviste	tuviste
dio	fue	estuvo	tuvo
dimos	fuimos	estuvimos	tuvimos
disteis	fuisteis	estuvisteis	tuvisteis
dieron	fueron	estuvieron	tuvieron

andar *gehen*	poder *können*	poner *stellen*	saber *wissen*
anduve	pude	puse	supe
anduviste	pudiste	pusiste	supiste
anduvo	pudo	puso	supo
anduvimos	pudimos	pusimos	supimos
anduvisteis	pudisteis	pusisteis	supisteis
anduvieron	pudieron	pusieron	supieron

haber *haben*	hacer *machen*	querer *wollen*	venir *kommen*
hube	hice	quise	vine
hubiste	hiciste	quisiste	viniste
hubo	hizo	quiso	vino
hubimos	hicimos	quisimos	vinimos
hubisteis	hicisteis	quisisteis	vinisteis
hubieron	hicieron	quisieron	vinieron

decir *sagen*	traer *bringen*	reducir *reduzieren*
dije	traje	reduje
dijiste	trajiste	redujiste
dijo	trajo	redujo
dijimos	trajimos	redujimos
dijisteis	trajisteis	redujisteis
dijeron	trajeron	redujeron

◇ Entsprechend in der Regel auch die davon ableitbaren Verben wie z.B.

decir: contradecir – *widersprechen*, maldecir – *verfluchen*
hacer: deshacer – *zunichte machen*, satisfacer – *befriedigen*
poner: suponer – *vermuten*, proponer – *vorschlagen*
reducir: traducir – *übersetzen*, producir – *produzieren*
tener: mantener – *unterhalten*, abstenerse – *sich enthalten*
traer: atraer – *anziehen*, contraer – *zusammenziehen*
venir: convenir – *übereinkommen*, prevenir – *vorher benachrichtigen*

➤ Die Regel, dass ein unbetontes *i* zwischen zwei Vokalen zu *y* wird, hat zur Folge, dass Verben wie *caer*, *leer* und *oír* folgendermaßen konjugiert werden:

caer *fallen*	leer *lesen*	oír *hören*
caí	leí	oí
caíste	leíste	oíste
cayó	leyó	oyó
caímos	leímos	oímos
caísteis	leísteis	oísteis
cayeron	leyeron	oyeron

Vergleiche auch die Hinweise zur Änderung der Schreibweise nach den Ausspracheregeln des Spanischen S. 107.

10.3 Gebrauch

Perfecto

 Das *perfecto* bezeichnet Geschehen in einem **Zeitraum, der noch nicht abgeschlossen ist**, oft in Verbindung mit Ausdrücken wie ***esta semana***, ***este año***, ***hoy***, ***desde (hace)*** *...*, ***ya***, ***todavía no***, ***hasta ahora (no)***, ...

Esta semana he trabajado mucho.	*Diese Woche habe ich viel gearbeitet.*
Desde hace 2 días no he vuelto a verlo.	*Seit zwei Tagen habe ich ihn nicht wieder gesehen.*
¿Dónde has estado todo el tiempo?	*Wo bist du die ganze Zeit (bis jetzt) gewesen?*
He hablado con Jorge.	*Ich habe (inzwischen) mit Jorge gesprochen.*

 Das *perfecto* bezeichnet auch abgeschlossene Handlungen, wenn sie **gerade erst passiert** sind oder wenn ihre Bedeutung für die Gegenwart besonders herausgestellt werden soll (weil ihr **Ergebnis wichtig** ist).

Esta mañana me he despertado muy tarde.	*Heute morgen bin ich sehr spät aufgewacht.*
Me he comprado un coche.	*Ich habe mir ein Auto gekauft (jetzt habe ich eins).*

Indefinido

 Das *indefinido* bezeichnet in der Vergangenheit **abgeschlossene Geschehen**, oft in Verbindung mit der expliziten Angabe eines bestimmten Zeitpunkts oder abgeschlossenen Zeitraums wie ***ayer***, ***anoche***, ***aquel día***, ***el año pasado***, ***en 1992***, ***en el siglo XIX***, ...

Tres jóvenes resultaron heridos …	*Drei junge Leute wurden verletzt …*
Con la niebla no vimos nada.	*Bei dem Nebel sahen wir nichts.*
El accidente ocurrió ayer.	*Der Unfall geschah gestern.*
El sábado fuimos al partido benéfico.	*Samstag gingen wir zum Wohltätigkeitsspiel.*
Fue la noche más larga de mi vida.	*Es war die längste Nacht in meinem Leben/in meinem Leben..*
De repente perdí el control del coche.	*Plötzlich verlor ich die Kontrolle über den Wagen.*

◇ In Erzählungen und Berichten dient das *indefinido* zur **Schilderung des eigentlichen Handlungsablaufs**.

Entonces ocurrió: quedamos atrapados en el coche.	*Da passierte es: wir blieben im Auto eingeklemmt.*
Sonó el teléfono, nos enteramos del accidente, fuimos de prisa al hospital.	*Das Telefon schellte, wir erfuhren von dem Unfall, wir fuhren schnell ins Krankenhaus.*

Da das *indefinido* oft neu eintretende Handlungen bezeichnet, haben einige Verben in diesem Tempus besondere Bedeutungen.

	imperfecto		indefinido	
conocer:	conocía	*ich kannte*	conocí	*ich lernte kennen*
saber:	sabía	*ich wusste*	supe	*ich erfuhr*

Imperfecto

 Das *imperfecto* dient in erster Linie zur **Beschreibung einer Situation oder sich wiederholender Handlungen**.

Era un viernes por la noche …	*Es war eines Freitags Nacht …*
hacía mucho frío …	*es war sehr kalt …*
Parecían tener mucha prisa.	*Sie schienen es sehr eilig zu haben.*

Imperfecto und *indefinido* im Kontext

 Das *imperfecto* dient in erster Linie zur Beschreibung einer Situation, die dann den **Hintergrund** (Rahmen, Erklärung oder ähnliches) für die eigentliche Haupthandlung oder Feststellung bildet oder bilden kann, die im *indefinido* stehen muss.

Iba al trabajo como todos los días,	*Ich fuhr wie jeden Tag zur Arbeit,*	Hintergrund
cuando vi el coche al lado de la carretera.	*als ich das Auto neben der Straße sah.*	Haupthandlung
Estábamos durmiendo	*Wir schliefen (gerade),*	Hintergrund
cuando sonó el teléfono.	*als das Telefon klingelte.*	Haupthandlung
El partido benéfico resultó fantástico:	*Das Benefizspiel war toll:*	Feststellung
había muchísima gente …	*Es waren unheimlich viele Leute da …*	Erklärung

Zum Gebrauch des *imperfecto* in der indirekten Rede
⤴ S. 92-95.

Pluscuamperfecto

 Das *pluscuamperfecto* bezeichnet wie im Deutschen eine
Handlung, die beendet war, als eine andere eintrat.

Cuando llegó a la estación, ya había salido el tren.	*Als er am Bahnhof ankam, war der Zug schon abgefahren.*

Zum Gebrauch des *pluscuamperfecto* in der indirekten Rede
↗ S. 92-95.

11 Der Imperativ
El imperativo

11.1 Formen

Besondere **Imperativformen** gibt es im Spanischen nur für

◆ die 2. Person Singular bejaht	toma	*nimm!*
◆ die 2. Person Plural bejaht	tomad	*nehmt!*

 Alle anderen Imperative werden durch das *presente de
subjuntivo* ausgedrückt (↗ S. 65 ff.).

Der **bejahte** Imperativ der **2. Person Singular** entspricht der
3. Person Singular des *presente de indicativo*.

hablar:	habla	*sprich!*
beber:	bebe	*trink!*
repetir:	repite	*wiederhol!*

Ausnahmen sind unter anderem:

decir:	**di**	*sag!*
hacer:	**haz**	*tu!*
ir(se):	**ve(te)**	*geh (weg)!*
poner:	**pon**	*stell! / leg!*
salir:	**sal**	*geh raus!*
ser:	**sé**	*sei!*
tener:	**ten**	*hab! / nimm!*
venir:	**ven**	*komm!*

◆ Der **bejahte** Imperativ der **2. Person Plural** wird gebildet, indem man das -*r* des Infinitivs durch -*d* ersetzt.

hablar:	habla**d**	*sprecht!*
beber:	bebe**d**	*trinkt!*
repetir:	repeti**d**	*wiederholt!*

◆ Imperative, die durch das *presente de subjuntivo* ausgedrückt werden, sind

♦ die **verneinten** Formen für die **2. Person Singular und Plural**,

no tom**es**	*nimm nicht!*	no tom**éis**	*nehmt nicht!*
no beb**as**	*trink nicht*	no beb**áis**	*trinkt nicht!*

♦ die Imperative für die **Höflichkeitsformen** *usted* und *ustedes*,

(no) tom**e**	*nehmen Sie (nicht)!*	(no) tom**en**	*nehmen Sie (nicht)!*
(no) beb**a**	*trinken Sie (nicht)!*	(no) beb**an**	*trinken Sie (nicht)!*

♦ die **Aufforderung an uns selbst**.

Beispiele: (no) tom**emos** – *nehmen wir (nicht)!*, (no) beb**amos** – *trinken wir (nicht)!*

11.2 Stellung von Objekt- und Reflexivpronomen beim Imperativ

 Personal- und Reflexivpronomen werden bei **bejahten** Imperativen **angehängt** (evtl. neuer **Betonungsakzent**!), bei **verneinten** Imperativen aber **vorangestellt**.

bejaht		*verneint*	
tó**ma**lo	*nimm es!*	no **lo** tomes	*nimm es nicht!*
dí**ga**melo	*sagen Sie es mir!*	no **me** lo diga	*sagen Sie es mir nicht!*

 Vor dem reflexiven *-os* (euch) wird entweder die Infinitivform gebraucht oder das *-d* des Imperativs weggelassen.

Beispiel: sentarse: senta**r**os oder sentaos – *setzt euch!*

12 Das *presente de subjuntivo*
El presente de subjuntivo

12.1 Bildung des *presente de subjuntivo*

Regelmäßige Bildung

 Die Verben auf *-ar* haben in der Endung den Vokal *e*, die auf *-er* und *-ir* den Vokal *a*.

		habl**ar** *sprechen*	com**er** *essen*	viv**ir** *leben*
sing.	1.	habl **e**	com **a**	viv **a**
	2.	habl **es**	com **as**	viv **as**
	3.	habl **e**	com **a**	viv **a**
pl.	1.	habl **emos**	com **amos**	viv **amos**
	2.	habl **éis**	com **áis**	viv **áis**
	3.	habl **en**	com **an**	viv **an**

 Die Endungen der 1. und 3. Person Singular sind immer gleich.

Stammform und Stammveränderung

◆ Die Stammform des *presente de subjuntivo* wird aus der 1. Person Singular des *presente de indicativo* abgeleitet (↗ S. 52-54). Die Endungen sind regelmäßig.

infinitivo		1ª persona singular de indicativo	presente de subjuntivo
decir	*sagen*	**dig** o	**dig** a, **dig** as, ...
conocer	*kennen*	**conozc** o	**conozc** a, **conozc** as, ...
seguir	*folgen*	**sig** o	**sig** a, **sig** as, ...

◆ Auch im *presente de subjuntivo* gibt es **keine** Diphthongierung (Diphthong? ↗ S. 9) in der **1. und 2. Person Plural**.

infinitivo	1ª persona singular de indicativo	presente de subjuntivo
pensar *denken*	pienso	piense, ... / pensemos, ...
poder *können*	puedo	pueda, .../ podamos, ...

◆ Einige Verben auf *-ir* diphthongieren (Diphthong? ↗ S. 9) **und** wandeln in der **1. u. 2. Person Plural** *e* zu *i* bzw. *o* zu *u*.

infinitivo		1ª persona singular de indicativo	presente de subjuntivo
sentir	*fühlen*	siento	sienta, .../ sintamos, ...
preferir	*vor-ziehen*	prefiero	prefiera, .../ prefiramos, ...
dormir	*schlafen*	duermo	duerma, ... / durmamos, ...
morir	*sterben*	muero	muera, .../ muramos, ...

Die sechs unregelmäßigen Verben

dar *geben*	estar *sein*	ser *sein*	saber *wissen*	ir *gehen*	haber *(haben)/es gibt*
dé	esté	sea	sepa	vaya	(haya)
des	estés	seas	sepas	vayas	(hayas)
dé	esté	sea	sepa	vaya	haya
demos	estemos	seamos	sepamos	vayamos	(hayamos)
deis	estéis	seáis	sepáis	vayáis	(hayáis)
den	estén	sean	sepan	vayan	(hayan)

12.2 Gebrauch des *presente de subjuntivo*

Im Hauptsatz

◆ Als **Imperativ**, wenn keine eigenen Imperativformen
existieren (↗ S. 63 und 64).

◆ Bei – meist floskelhaften – **Wünschen** oder **Willensäußerungen**.

¡Que **aproveche**!	*Guten Appetit!*
¡**Viva** España!	*Es lebe Spanien!*
¡Que te **diviertas**!	*Viel Spaß!*
¡Que os **divertáis**!	*Viel Spaß!*
¡Que **venga**!	*(Sag ihm,) er soll kommen!*
¡Ojalá **haga** buen tiempo!	*Hoffentlich ist schönes Wetter!*

◆ Meist nach Wörtern, die „vielleicht" bedeuten.

Quizás **venga** mañana.	*Vielleicht kommt sie morgen.*
Tal vez **venga** mañana.	

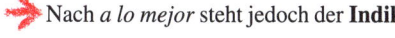 Nach *a lo mejor* steht jedoch der **Indikativ**.

A lo mejor **viene** mañana.	*Vielleicht kommt sie morgen.*

Im *que* -Satz (*que* = dass)

♦ Nach Verben, die eine **Willensäußerung** ausdrücken (wollen, wünschen, bitten, befehlen, hoffen, erlauben, verbieten, vorschlagen, erreichen, verhindern, …).

Quiere que **vengas** pronto.	*Sie will, dass du bald kommst.*
Espero que **vuelva**.	*Ich hoffe, dass er zurückkommt.*
¿Me permites que me **quede** aquí?	*Erlaubst du, dass ich hierbleibe?*
Propongo que **vayas** en bici.	*Ich schlage vor, dass du mit dem Fahrrad fährst.*

♦ Nach Verben, die eine **Gefühlsäußerung** oder **subjektive Beurteilung** ausdrücken (sich freuen, sich ärgern, bedauern, sich wundern, befürchten, …).

Me alegro (de) que **puedas** venir.	*Ich freue mich, dass du kommen kannst.*
Siento que no **vengas** a la fiesta.	*Es tut mir leid, dass du nicht zur Fete kommst.*
Tememos que no lo **sepa**.	*Wir fürchten, dass sie es nicht weiß.*

♦ Nach Verben, die **Zweifel** ausdrücken (bezweifeln, nicht glauben, …).

Dudo que **tengas** razón.	*Ich bezweifle, dass du Recht hast.*
No creo que lo **hagan**.	*Ich glaube nicht, dass sie das tun.*

Nach *creer que* (nicht verneint) steht der **Indikativ**.

Creo que lo **hacen**.	*Ich glaube, dass sie das tun.*

◆ Nach Verben des **Mitteilens** (sagen, antworten, schreiben, …), wenn sie als **Aufforderung** verstanden werden. Die entsprechende Nebensatzkonstruktion im Deutschen ist: „sollen" + Infinitiv.

Dile que me **llame**.	*Sag ihm, er soll mich anrufen.*
Me escribe que **vaya** pronto.	*Er schreibt mir, dass ich bald kommen soll.*

➤ Jedoch steht nach solchen Verben der **Indikati**v, wenn sie im Sinne von „berichten" gebraucht werden.

Dice que nos **llama** mañana.	*Er sagt, dass er uns morgen anruft.*
Escribe que no **puede** venir.	*Sie schreibt, dass sie nicht kommen kann.*

◆ Nach vielen **unpersönlichen Ausdrücken** (es ist wichtig, nötig, möglich, unsicher, gut, …).

Es necesario que **vayamos**.	*Es ist nötig, dass wir hingehen.*
Es posible que no lo **sepa**.	*Es ist möglich, dass er es nicht weiß.*
Lo importante es que **llegues** a …	*Wichtig ist, dass du zur … kommst.*

➤ Wenn unpersönliche Ausdrücke **Sicherheit** oder **Wahrheit** ausdrücken, steht nach ihnen der **Indikativ**.

Es seguro / es cierto que no **está**.	*Es ist sicher, dass sie nicht da ist.*
Es verdad que no **tengo** tiempo.	*Es ist wahr, dass ich keine Zeit habe.*

Im Relativsatz

◆ Wenn er einen **Wunsch** oder eine **Bedingung** beinhaltet.

Necesito a alguien que **sepa** francés. Busco un coche que **consuma** poco.	*Ich brauche jemanden, der Französisch kann. Ich suche ein Auto, das wenig verbraucht.*

◆ Wenn sein Bezugswort (noch) unbekannt ist.

Haré lo que me **digas**.	*Ich tue, was du willst. (ich weiß noch nicht, was du willst)*
Los estudiants que se **presenten** a los exámenes tienen que pagar 1000 pts.	*Die Schüler, die sich zur Prüfung melden, müssen 1000 pts. bezahlen. (man weiß noch nicht, welche Schüler sich melden)*

➡ **Meist** wird jedoch der **Indikativ** verwendet, da im Normalfall der Inhalt bzw. das Bezugswort des Relativsatzes bekannt sind.

Haré lo que me **dices**.	*Ich tue, was du willst. (ich weiß schon, was du willst)*
Los estudiants que se **presentan** a los exámenes son muy listos	*Die Schüler, die sich zur Prüfung melden, sind sehr schlau. (man weiß schon, welche Schüler es sind/man kennt sie schon)*

Im Temporalsatz

◆ Wenn sein Inhalt sich **auf die Zukunft bezieht** (z.B. nach *cuando* (wenn), *en cuanto* (sobald), *una vez que* (sobald), *antes (de) que* (bevor), *hasta que* (bis), …).

Cuando **pases** por el cine ...	*Wenn du am Kino vorbeikommst, ...*
Una vez que **veas** la iglesia ...	*Sobald du die Kirche siehst, ...*
En cuanto **sepas** el resultado, dímelo.	*Sobald du das Ergebnis weißt, sag es mir.*

Nach einigen Konjunktionen

◆ Nach *para que* (damit), *sin que* (ohne dass), *caso que/en (el) caso de que* (falls), *con que/con tal que* (vorausgesetzt, dass), *a no ser que* (es sei denn, dass).

Te lo digo para que me **comprendas**.	*Ich sage es dir, damit du mich verstehst.*
Caso de que no **vayas** tú, voy yo.	*Falls du nicht gehst, gehe ich.*

Nach *si* („wenn, falls") steht **nie** das *presente de subjuntivo*!

Außerdem

◆ Wenn der entsprechende Nebensatz im Deutschen durch „was (auch immer)", „wie (auch immer)", „wo (auch immer), …" eingeleitet wird.

Haz lo que **quieras**.	*Mach was du willst!*
¿Vamos al cine? – Como **quieras**.	*Gehen wir ins Kino? – Wie du willst.*
Sea como **sea** ...	*Wie dem auch sei ...*

13 Das *imperfecto* und das *pluscuamperfecto de subjuntivo*
El imperfecto y el pluscuamperfecto de subjuntivo

13.1 Bildung

 Diese beiden Zeiten haben jeweils zwei Formen der Endungen, wobei die *-ara*, *.../-iera*, ...-Formen vor allem in Spanien häufiger benutzt werden als die *-ase*, *.../-iese*, ...-Formen.

		habl**ar** *sprechen*	com**er** *essen*	viv**ir** *leben*
imper-fecto (1. Form)		habl **ara**	com **iera**	viv **iera**
		habl **aras**	com **ieras**	viv **ieras**
		habl **ara**	com **iera**	viv **iera**
		habl **áramos**	com **iéramos**	viv **iéramos**
		habl **arais**	com **ierais**	viv **ierais**
		habl **aran**	com **ieran**	viv **ieran**
(2. Form)		habl **ase**	com **iese**	viv **iese**
		habl **ases**	com **ieses**	viv **ieses**
		habl **ase**	com **iese**	viv **iese**
		habl **ásemos**	com **iésemos**	viv **iésemos**
		habl **aseis**	com **ieseis**	viv **ieseis**
		habl **asen**	com **iesen**	viv **iesen**
plus-cuam-perfecto (1. Form)	hub **iera** hub **ieras** hub **iera** hub **iéramos** hub **ierais** hub **ieran**	habl **ado**	com **ido**	viv **ido**
(2. Form)	hub **iese** hub **ieses** hub **iese** hub **iésemos** hub **ieseis** hub **iesen**	habl **ado**	com **ido**	viv **ido**

Die **Stammform** des *imperfecto de subjuntivo* wird aus der 3. Person Plural des *indefinido* abgeleitet (↗ S. 55 und 57). Die Endungen sind regelmäßig.

infinitivo	3ª persona pl. de indefinido	imperfecto de subjuntivo	
decir *sagen*	dije**ron**	dije**ra**, dije**ras**, ...	dije**se**, dije**ses**, ...
poner *setzen* ...	pusie**ron**	pusie**ra**, pusie**ras**, ...	pusie**se**, pusie**ses**, ...
tener *haben*	tuvie**ron**	tuvie**ra**, tuvie**ras**, ...	tuvie**se**, tuvie**ses**, ...

Achte darauf, dass die **1. Person Plural** immer einen **Akzent** trägt.

habl**á**ramos	comi**é**ramos	vivi**é**ramos
habl**á**semos	comi**é**semos	vivi**é**semos
dij**é**ramos	pusi**é**ramos	tuvi**é**ramos
dij**é**semos	pusi**é**semos	tuvi**é**semos

13.1 Gebrauch

Das *imperfecto de subjuntivo* wird dann benutzt, wenn die *subjuntivo*-**Auslöser** (↗ 12.2 Gebrauch S. 67 ff.) im *imperfecto*, *indefinido* oder *pluscuamperfecto* stehen.

Quería que vinieras pronto.	*Sie wollte, dass du bald kämst.*
Sentí que no fueras a la fiesta.	*Es tat mir leid, dass du nicht zur Fete kamst.*
Me escribió que fuera pronto.	*Er schrieb mir, dass ich bald kommen sollte.*
Lo importante era que llegaras a ...	*Es war wichtig, dass du zur ... kamst.*

◆ Das *imperfecto* und das *pluscuamperfecto de subjuntivo* werden in einigen **Konditionalsätzen** benutzt (↗ S. 90 ff.).

Si lo supiera, te lo diría.	*Wenn ich es wüsste, würde ich es dir sagen.*
Si lo hubiera sabido, te lo habría dicho.	*Wenn ich es gewusst hätte, hätte ich es dir gesagt.*

◆ Das *imperfecto de subjuntivo* steht nach der Konjunktion **como si** (als ob).

Beispiel: Vive como si fuera rico. – *Er lebt, als ob er reich wäre.*

14 Das Futur und das Konditional
El futuro y el condicional

14 .1 Bildung

Regelmäßige Bildung

◆ Der **Stamm** des Futurs und des Konditionals ist der Infinitiv, an den die jeweiligen Endungen angehängt werden.

➔ Die **Endungen** des *futuro* und des *condicional* sind in **allen Konjugationen** *(-ar, -er, -ir)* gleich.
Die Endungen des *condicional* sind identisch mit denen des *imperfecto de indicativo* der Verben auf *-er* und *-ir*.

		hablar *sprechen*	comer *essen*	vivir *leben*
futuro I (futuro indicativo)		hablar **é** hablar **ás** hablar **á** hablar **emos** hablar **éis** hablar **án**	comer **é** comer **ás** comer **á** comer **emos** comer **éis** comer **án**	vivir **é** vivir **ás** vivir **á** vivir **emos** vivir **éis** vivir **án**
futuro II (futuro perfecto)	habr **é** habr **ás** habr **á** habr **emos** habr **éis** habr **án**	habl **ado**	com **ido**	viv **ido**
cond. I		hablar **ía** hablar **ías** hablar **ía** hablar **íamos** hablar **íais** hablar **ían**	comer **ía** comer **ías** comer **ía** comer **íamos** comer **íais** comer **ían**	vivir **ía** vivir **ías** vivir **ía** vivir **íamos** vivir **íais** vivir **ían**
cond. II (con- dicional compuesto)	habr **ía** habr **ías** habr **ía** habr **íamos** habr **íais** habr **ían**	habl **ado**	com **ido**	viv **ido**

Unregelmäßige Bildung

Es gibt einige wichtige Verben mit unregelmäßigem Stamm für das Futur bzw. Konditional. Dazu gehören:

infinitivo		futuro I	condicional I	ebenso:
caber	*passen in*	cabr **é** …	cabr **ía** …	
decir	*sagen*	dir **é** …	dir **ía** …	contradecir
haber	*haben*	habr **é** …	habr **ía** …	
hacer	*machen, tun*	har **é** …	har **ía** …	deshacer, rehacer
poder	*können*	podr **é** …	podr **ía** …	
poner	*legen, stellen*	pondr **é** …	pondr **ía** …	suponer, proponer
querer	*wollen; lieben*	querr **é** …	querr **ía** …	
saber	*wissen*	sabr **é** …	sabr **ía** …	
salir	*weg- gehen*	saldr **é** …	saldr **ía** …	
satisfacer	*befrie- digen*	satisfar **é** …	satisfar **ía** …	
tener	*haben*	tendr **é** …	tendr **ía** …	mantener, abstenerse
valer	*wert sein, kosten*	valdr **é** …	valdr **ía** …	
venir	*kommen*	vendr **é** …	vendr **ía** …	

Die Komposita *bendecir* (segnen) und *maldecir* (verfluchen) bilden das *futuro* und das *condicional* regelmäßig.

futuro I	condicional I
bendeciré	bendeciría
maldeciré	maldeciría

14.2 Gebrauch

Futur I

 Das *futuro I* wird gebraucht:

- für in der Zukunft liegende Handlungen oder Zustände,

  Beispiel: El mes que viene iré a España. – *Im nächsten Monat fahre ich nach Spanien.*

- zum Ausdruck der Vermutung,

  Beispiel: ¿Qué hora es? Serán las ocho. – *Wieviel Uhr ist es? Es wird wohl 8 Uhr sein.*

- zum Ausdruck einer Forderung oder eines Gebots.

  Beispiel: No matarás. – *Du sollst nicht töten.*

 Das *futuro I* wird bei einigen **Konditionalsätzen** benutzt (⌁ S. 90 ff.).

  Beispiel: Si no llueve mañana, iremos de excursión. – *Wenn es morgen nicht regnet, machen wir einen Ausflug.*

Futur II

 Das *futuro II* wird gebraucht:

- für in der Zukunft liegende Handlungen oder Zustände, die dann schon passiert sind,

  Beispiel: Mañana ya habrán olvidado el asunto. – *Morgen werden sie die Angelegenheit schon vergessen haben.*

- zum Ausdruck der Vermutung von etwas eventuell schon Eingetretenem.

  Beispiel: Ya habrá venido Juan. – *Juan wird wohl schon angekommen sein.*

Konditional I

 Das *condicional I* wird zum Ausdruck der Höflichkeit, vor allem bei *gustar* und *poder*, gebraucht.

  Beispiel: Me gustaría ir al cine. – *Ich würde gerne ins Kino gehen.*

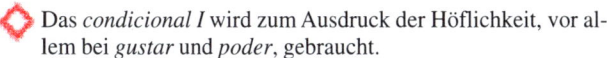

Beim Verb *querer* wird statt des *condicional* meist der *imperfecto de subjuntivo* benutzt.

Beispiel: (Querría) Quisiera verte. – *Ich möchte dich gerne sehen.*

Das *condicional I* wird in einigen **Konditionalsätzen** benutzt (↗ S. 90 ff.).

Beispiel: Si lo supiera, te lo diría. – *Wenn ich es wüsste, würde ich es dir sagen.*

Konditional II

Das *condicional II* wird in einigen **Konditionalsätzen** benutzt (↗ S. 90 ff.).

Beispiel: Si lo hubiera sabido, te lo habría dicho. – *Wenn ich es gewusst hätte, hätte ich es dir gesagt.*

15 Wichtige unpersönliche Verbformen und Verbalkonstruktionen

15.1 Das *gerundio*

Bildung

Die Bildung des *gerundio* ist fast immer regelmäßig und bietet daher kaum Schwierigkeiten.

Der **Stamm des Infinitivs** *(habl-, com-, viv-)* ist auch der Stamm des *gerundio*. Die Verben auf *-ar* enden auf **-ando**, die Verben auf *-er* und *-ir* auf **-iendo**.

Beispiele: hablar → hablando, comer → comiendo, vivir → viviendo

Das *gerundio* wird **nie verändert**.

Ähnlich wie im *indefinido* gibt es folgende **Unregelmäßigkeiten** bei der Bildung des *gerundio*:

♦ Die Verben, die im *indefinido* den **Stammvokal** (teilweise) **ändern** (↗ S. 57), ändern ihn auch im *gerundio*.

Beispiele: p**e**dir → p**i**diendo, repetir → rep**i**tiendo,
d**o**rmir → d**u**rmiendo, m**o**rir → m**u**riendo

♦ Bei den Verben, die auf *-aer*, *-eer*, *-uir* enden, sowie dem Verb *oír* wird das *i* zu *y*.

Beispiele: caer → ca**y**endo, leer → le**y**endo, oír → o**y**endo

◇ Unregelmäßig sind die *gerundio*-Formen folgender Verben:

d**e**cir → d**i**ciendo, p**o**der → p**u**diendo,
v**e**nir → v**i**niendo, ir → **y**endo

❗ Denke daran, die Formen des *gerundio* nicht mit denen des *participio* zu verwechseln (↗ S. 55).

Gebrauch

◇ **In** *frases verbales*

♦ Mit *estar* + *gerundio* wird die **Verlaufsform** *(forma durativa)* gebildet.

Beispiel: Mi hermano está **leyendo** un comic. – *Mein Bruder liest gerade einen Comic.*

♦ Mit *seguir/continuar* + *gerundio* wird die **Fortsetzung** einer Handlung ausgedrückt.

Mi padre sigue **hablando**.	*Mein Vater spricht immer noch.*
Mi madre continúa **telefoneando**.	*Meine Mutter telefoniert weiter.*

♦ Mit *ir* + *gerundio* wird die **sich allmählich verstärkende Entwicklung** einer Handlung ausgedrückt.

Beispiel: Con el paro, la xenofobía va **acentuándose**. – *Bei der Arbeitslosigkeit tritt die Ausländerfeindlichkeit **immer klarer hervor***.

♦ Mit *llevar* + Angabe eines Zeitraums + *gerundio* wird die **Fortsetzung** einer Handlung ausgedrückt.

Beispiel: Lleva cinco años **yendo** detrás de Ana. – *Er ist **schon** seit fünf Jahren hinter Ana **her***.

➤ Wird die **Zeitangabe mit *desde (hace)*** gebildet, so wird diese dem *gerundio* normalerweise nachgestellt.

Beispiel: La Cruz Roja lleva **ayudando** a la humanidad desde 1863. – *Das Rote Kreuz **hilft** der Menschheit **schon seit** 1863.*

➤ Es gibt darüber hinaus seltener vorkommende Konstruktionen mit den Verben *andar*, *quedar(se)* oder *venir + gerundio*.

◆ **Als verkürzende Alternative zu einem adverbialen Nebensatz**

Die wichtigsten Anwendungsmöglichkeiten sind:

◆ konditional

Beispiel: Lloviendo, no vamos de excursión a los Picos. – ***Wenn** es **regnet**, machen wir keinen Ausflug in die Picos.* alternativ: Si llueve, …

◆ konzessiv

Beispiel: Teniendo mucho dinero, vive humildemente. – ***Obwohl** er viel Geld **hat**, lebt er bescheiden.* alternativ: Aunque tiene mucho dinero, …

◆ kausal

Beispiel: Queriendo ser artista, no podrás vivir bien. – ***Da du** Künstler werden **willst**, wirst du nicht gut leben können.* alternativ: Como quieres ser artista, …

◆ temporal

Beispiel: Dando una vuelta por el barrio, vi a Ana. – ***Als ich** eine Runde durch das Viertel **drehte**, sah ich Ana.* alternativ: Cuando daba un vuelta por el barrio, …

15.2 Der Infinitiv

Substantivischer Gebrauch

◆ Der Infinitiv kann substantivisch gebraucht werden. Dabei steht er oft in Verbindung mit einem **männlichen** Begleiter (unbestimmter oder bestimmter Artikel, Demonstrativum, Possessivum, Präposition, Adjektiv, präpositionale Ergänzung, …).

> El constante **hablar** de los alum-
> nos le molestaba al profesor.
> Me encanta el **cantar** de
> los pájaros.
>
> *Das ewige **Reden** der*
> *Schüler störte den Lehrer.*
> *Das **Singen** der Vögel*
> *entzückt mich.*

Verbaler Gebrauch

◇ Der Infinitiv steht nach einer Reihe von **Modalverben**.

> No puedo **ayudar**te.
> Hay que **trabajar**.
>
> *Ich kann dir nicht **helfen**.*
> *Man muss **arbeiten**.*

❗ Der Infinitiv steht nach einigen **konjugierten Vollverben**.
Diese Konstruktionen haben im Deutschen meist eine andere
Entsprechung. Es lohnt sich daher, die spanischen Ausdrücke
wie Vokabeln auswendig zu lernen.

acabar de

Beispiel: Acaban de salir mis padres. *– Meine Eltern sind*
***gerade** ausgegangen.*

acabar por

Beispiel: Se entretuvieron tanto que **acaban por** llegar tarde.
– Sie haben so lange gebraucht, dass sie zu spät gekommen sind.

echar(se) a

> Mi novio **se echó** a reír.
>
> **Echó** a llover.
>
> *Mein Freund lachte **los/fing***
> ***plötzlich an** zu lachen.*
> *Es **fing plötzlich an** zu regnen.*

estar por

Beispiel: La carta **está por** escribir. *– Der Brief **muss noch***
*geschrieben **werden**.*

ir a

Beispiel: Dentro de poco **va a** llegar Paco. – *Paco **wird** in Kürze kommen.*

ponerse a (= empezar a)

Beispiel: **Nos pusimos** (Empezamos) a ver la tele. – *Wir **fingen an** fernzusehen.*

soler

Beispiel: Los domingos **solemos** dar un paseo. – *Sonntags gehen wir **immer** spazieren (pflegen wir einen Spaziergang zu machen).*

volver a

Beispiel: Los chicos **vuelven a** molestarnos. – *Die Jungen belästigen uns **wieder**.*

Infinitiv anstelle eines Imperativs

Im Spanischen wird der Imperativ, gleich für welche Person, oft durch den Infinitiv ersetzt. Besonders oft geschieht dies für die 2. Person Plural. Aus dem Kontext wird deutlich, auf welche Person sich der Infinitiv als Imperativ bezieht. Zur Verstärkung der Aufforderung kann die Präposition *a* dem Infinitiv vorangestellt werden.

Y ahora, ¡a **trabajar**!	*Und jetzt an die Arbeit. (Machen wir uns jetzt an die Arbeit).*	*(sagt jemand zu Freunden/Arbeits-kollegen) 1. Pers. Pl.*
Tú a **callar**.	*Halt den Mund!*	*2. Pers. Sing.*
Iros a la cama, niños. Ya es hora.	*Kinder, geht ins Bett. Es ist Zeit.*	*2. Pers. Pl.*

Fast ausschließlich wird der Infinitiv in Rezepten, Gebrauchs-anweisungen, Geboten und – seltener – Verboten benutzt.

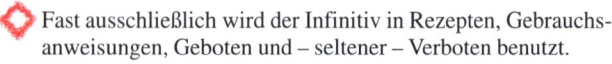

Cortar los calamares en trozos.	*Die Tintenfische in Stücke schneiden.*
Pulsar la tecla „Enter".	*Drücken Sie die Taste „Enter".*
Ver página 23.	*Siehe Seite 23.*
No **fijar carteles**.	*Plakatieren verboten.*

Häufiger wird bei Verboten allerdings die Formulierung
prohibido + Infinitiv benutzt: *Prohibido fijar carteles*.

Präposition + Infinitiv

Durch diese Kombination wird oft ein Adverbialsatz ersetzt.

◆ *al + infinitivo*

- Bei gleichzeitigen oder unmittelbar aufeinanderfolgenden Handlungen im Haupt- und Nebensatz.

  Beispiel: **Al oír** el despertador se asustó. – ***Als er den Wecker hörte**, erschrak er.* (für: **Cuando oyó** el despertador, …)

- Zur Angabe des Grunds (kausal).

  Beispiel: **Al gastar** todo su dinero se arruinó. – ***Da er sein ganzes Geld ausgab**, richtete er sich zugrunde.*
  (für: **Como gastó** todo su dinero, …)

- Zur Angabe einer Bedingung (konditional).

  Beispiel: **Al estudiar** tanto, aprobará el examen. – ***Wenn er soviel studiert**, wird er das Examen bestehen.*
  (für: **Si estudia** tanto, …)

◆ *con + infinitivo*

- Zur Angabe einer Einräumung (konzessiv).

  Beispiel: Con tener coche voy en bicicleta al instituto. – *Obwohl ich ein Auto habe, fahre ich mit dem Rad zur Schule.*
  (für: Aunque tengo coche, …)

- Zur Angabe der Art und Weise (modal).

  Beispiel: **Con** no **contestar** no mejoras la situación . – ***Dadurch**, **dass** du nicht **antwortest**, verbesserst du die Situation nicht.*

◆ *de + infinitivo* (seltener: *a* + **Infinitiv**)

♦ Zur Angabe einer Bedingung (konditional).

Beispiel: De tener más dinero compraremos esta moto. – *Wenn wir mehr Geld **haben**, kaufen wir dieses Motorrad.* (für: **Si tenemos** más dinero,...)

◆ *por + infinitivo*

♦ Zur Angabe eines Grunds (kausal).

Beispiel: Por no **llevar** casco te matarás un día u otro. – *Da du keinen Helm **trägst**, wirst du eines Tages umkommen.* (für: **Como** no **llevas** casco, …)

16 Das Passiv
La voz pasiva

16.1 Bildung

◆ Das Passiv wird aus einer konjugierten Form des Verbs *ser* (↗ S. 106) und dem *participio* (↗ S. 55 und 56) gebildet. *Ser* entspricht im Passiv dem deutschen „werden" und kann in allen Zeiten und Modi benutzt werden.

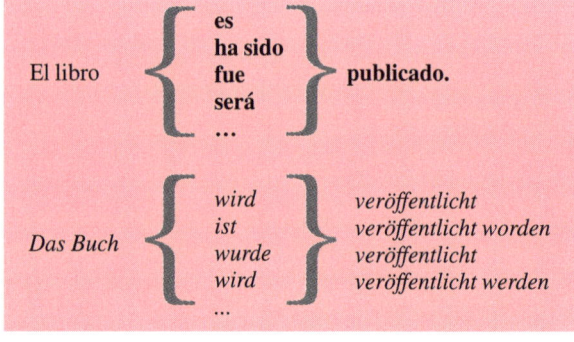

El libro	{ es ha sido fue será … }	publicado.
Das Buch	{ *wird* *ist* *wurde* *wird* … }	*veröffentlicht* *veröffentlicht worden* *veröffentlicht* *veröffentlicht werden*

◆ Das *participio* wird, anders als im Deutschen, in Genus und Numerus dem Subjekt angeglichen.

El edificio es construid**o**.	*Das Gebäude wird gebaut.*
La casa es construid**a**.	*Das Haus wird gebaut.*
Los coches son construid**os**.	*Die Autos werden gebaut.*
Las bicicletas son construid**as**.	*Die Fahrräder werden gebaut.*

◆ Der Urheber wird durch die Präposition *por* eingebunden.

Beispiel: La novela «Como agua para chocolate» fue escrita **por** Laura Esquivel. – *Der Roman … wurde von Laura Esquivel geschrieben.*

16.2 Gebrauch

◆ **Wesentlich:** Das Passiv wird im Spanischen wesentlich seltener gebraucht als im Deutschen oder Englischen. Es kommt vor allem in der Zeitungsspache, in Radio- und Fernsehnachrichten sowie in bestimmten Sachtexten vor. In der gesprochenen Alltagssprache findet man häufiger die Alternativkonstruktion der *pasiva refleja*.

Tarjetas de crédito son aceptadas.	*Kreditkarten werden akzeptiert.*	pasiva
Se aceptan tarjetas de crédito.	*Kreditkarten werden akzeptiert. (Man akzeptiert Kreditkarten.)*	pasiva refleja

➤ Eine weitere Möglichkeit, das Passiv zu umgehen, ist eine Aktivkonstruktion mit dem Verb in der 3. Person Plural.

Todo el dinero fue robado.	*Es wurde das ganze Geld gestohlen.*	pasiva
Robaron todo el dinero.	*Sie stahlen das ganze Geld.*	activa

Wird im Passivsatz der **Urheber** genannt, so steht entweder die *pasiva* oder eine aktive Konstruktion. Im Aktivsatz sollte dann das direkte Objekt am Satzanfang stehen. (Vorsicht: Es muss dann durch das entsprechende **Objektpronomen vor dem Verb** wieder aufgenommen werden!)

| La carta fue firmada por Ana. | *Der Brief wurde von Ana unterschrieben.* | pasiva |
| La carta la firmó Ana. | *Der Brief wurde von Ana unterschrieben. (Ana unterschrieb den Brief.)* | activa |

16.3 Passiv mit *estar*

 Neben dem oben behandelten Passiv, das als Handlungs- oder Verlaufspassiv bezeichnet wird (mit ihm wird eine Handlung beschrieben), gibt es das so genannte **Zustandspassiv**, das ein Ergebnis ausdrückt. Es wird mit dem Verb *estar* (anstelle von *ser*) gebildet. Beide Konstruktionen haben unterschiedliche Bedeutungen.

| El partido **fue perdido**. | *Das Spiel **wurde verloren**.* | Handlung |
| El partido **estuvo perdido**. | *Das Spiel **war verloren**.* | Ergebnis |

17 Der Gebrauch von *ser* und *estar*
El uso de ser y estar

17.1 Bei Substantiven

 Der Gebrauch von *ser* oder *estar* bei Substantiven ist relativ unproblematisch.

ser	estar
Eigenschaft, Definition, Identifikation	
Él es profesor. *Er ist Lehrer.* Carlos es *Carlos ist* español. *Spanier.* Es mi libro. *Das ist mein* *Buch.*	
Uhrzeit und Datum	
Son las tres. *Es ist drei Uhr.* Hoy es (el) 13 *Heute ist der* de marzo. *13. März* El concierto *Das Konzert* es a las nueve. *findet um 9 Uhr* *statt.*	Estamos en *Es ist Dezem-* diciembre. *ber.* Hoy estamos a *Heute ist der* 13 de marzo. *13. März.*
Ortsangaben	
El concierto *Das Konzert* es en París. *findet in Paris* *statt.*	Estamos en *Wir sind in* Madrid. *Madrid.* Madrid está en *Madrid ist in* España. *Spanien.* El libro está en *Das Buch ist* la mesa. *auf dem Tisch.*
+ *de*: Herkunft, Material, **Besitzverhältnis**	**+ *de*: in feststehenden** **Ausdrücken**
Puri es de *Puri stammt* Santiago. *aus Santiago.* La mochila es *Der Rucksack* de cuero. *ist aus Leder.* La moto es *Das Motorrad* de Miguel. *gehört Miguel.*	Juan está de *Juan ist* viaje. *verreist.* Conchi está de *Conchi ist in* vacaciones. *Urlaub.* Pedro está de *Pedro jobbt* camarero. *als Kellner.*
Preise	
¿Cuánto es? *Wieviel macht* *das?*	¿A cuánto están *Wieviel kosten* las naranjas? *die Apfelsinen?*

17.2 Bei Adjektiven

 Der Gebrauch von *ser* oder *estar* bei Adjektiven füllt in ausführlichen Grammatiken unendlich viele Seiten und ist für viele, die Spanisch als Fremdsprache sprechen, bis in die letzten Feinheiten oft nicht nachvollziehbar. Hier sollen nur die wichtigsten Unterschiede anhand markanter Beispiele aufgelistet werden.

ser		estar	
Vor allem bei **charakteristischen** Eigenschaften		Vor allem bei **vorübergehenden** oder **aus einer Änderung resultierenden** Eigenschaften (formal oft als Partizipien)	
El libro es caro.	*Das Buch ist teuer.*	María está enferma.	*Maria ist krank.*
La moto es nueva.	*Das Motorrad ist neu.*	José está cansado.	*José ist müde.*
Merce es inteligente.	*Merce ist intelligent.*	La calle está llena.	*Die Straße ist voll.*
Adjektive mit Bedeutungsänderung			
Ana es muy guapa.	*Ana ist sehr hübsch.*	Hoy está muy guapa.	*Heute ist sie sehr hübsch (zurechtgemacht).*
Rafa es nervioso.	*Rafa ist (immer) nervös.*	Juan está nervioso (por el examen).	*Juan ist nervös (wegen der Prüfung).*
Pablo es muy simpático.	*Pablo ist sehr sympathisch.*	Hoy el profe está bastante simpático.	*Heute ist der Lehrer ganz nett (sonst wohl nicht).*
Mari es lista.	*Mari ist schlau.*	José está listo.	*José ist fertig/ bereit.*

ser		estar	
weitere Adjektive mit Bedeutungsänderung			
ser bueno	*einen guten Charakter haben*	estar bueno	*bei guter Gesundheit sein; schmecken (Speisen)*
ser malo	*einen schlechten Charakter haben*	estar malo	*krank sein*
ser vivo	*lebhaft/gescheit sein*	estar vivo	*leben*
ser seguro	*sicher sein*	estar seguro de a/c	*sich einer Sache sicher sein*
ser aburrido	*langweilig sein*	estar aburrido	*sich langweilen*
ser viejo	*alt sein*	estar viejo	*sich alt fühlen*
ser joven	*jung sein*	estar joven	*sich jung fühlen*

Die Liste könnte noch beliebig verlängert werden; das würde dir aber nicht weiterhelfen. Wichtiger ist vielmehr, sich möglichst oft folgende Fragen zu stellen:

Beschreibt das Adjektiv von einer Person oder Sache …

– den Charakter?	– das Verhalten?
– ein wesentliches Kennzeichen?	– einen zufälligen Umstand?
	– das zufällige Aussehen?

Oder ist die Beschreibung eher …

– absolut?	– relativ?
– objektiv?	– subjektiv?
dann wird … **ser**	**estar** … benutzt.

Um die Verzweiflung vollständig werden zu lassen, kann man unter anderem bei folgenden Adjektiven **sowohl *ser* als auch** *estar* benutzen: ser/estar soltero – *unverheiratet sein*, ser/estar casado – *verheiratet sein*, ser/estar divorciado – *geschieden sein*, ser/estar viudo – *verwitwet sein*

Zum Gebrauch von *ser* bzw. *estar* beim Passiv ↗ S. 84-86.
Zum Gebrauch von *estar* beim Gerundium ↗ S. 79.

Satzgefüge

18 Die Bedingungssätze
Las oraciones condicionales

18.1 Reale Bedingungssätze

◇ Im realen Bedingungssatz – die Bedingung scheint erfüllbar oder als möglicherweise zutreffend – stehen im Neben- bzw. Hauptsatz folgende Zeiten:

Nebensatz	Hauptsatz
presente de indicativo	*presente de indicativo/futuro*
	iremos
Si no llueve mañana,	vamos ⎫ de excursión.
	vamos a ir ⎭

Wenn es morgen nicht regnet, machen wir einen Ausflug.

oder aber:

Nebensatz	Hauptsatz
presente de indicativo	*imperativo*
Si vas de compras,	trae pan.

Wenn du einkaufen gehst, bring Brot mit.

18.2 Irreale Bedingungssätze der Gegenwart

 Im irrealen Bedingungssatz der Gegenwart – die Bedingung scheint nicht oder kaum erfüllbar – stehen im Neben- bzw. Hauptsatz folgende Zeiten:

Nebensatz	**Hauptsatz**
imperfecto de subjuntivo	*condicional I*
Si tuviera dinero,	me compraría esta casa.
Wenn ich Geld hätte, würde ich dieses Haus kaufen.	

18.3 Irreale Bedingungssätze der Vergangenheit

 Im irrealen Bedingungssatz der Vergangenheit – die Bedingung wurde nicht erfüllt – stehen im Neben- bzw. Hauptsatz folgende Zeiten:

Nebensatz	**Hauptsatz**
pluscuamperfecto de subjuntivo	*condicional II*
Si hubiera tenido tiempo,	habría venido.
Wenn ich Zeit gehabt hätte, wäre ich gekommen.	

18.4 Mischformen der irrealen Bedingungssätze

 Je nach **Zeitverhältnissen** können auch folgende Kombinationen auftreten:

Nebensatz	**Hauptsatz**
imperfecto de subjuntivo	*condicional II*
Si tuviera más tiempo,	ya lo habría hecho.
Wenn ich mehr Zeit hätte, hätte ich es (schon) gemacht.	

oder auch:

Nebensatz	Hauptsatz
pluscuamperfecto de subjuntivo	*condicional I*
Si no hubiera perdido su dinero,	no estaría tan triste.

Wenn er sein Geld nicht verloren hätte, wäre er (auch jetzt noch) nicht so traurig.

19 Die direkte und indirekte Rede
El discurso directo e indirecto

Da das Transformationssystem (= die Umformung) der Zeiten im Deutschen ganz anders ist als im Spanischen, wird hier auf eine Übersetzung verzichtet.

In der **indirekten** Rede der **Gegenwart** werden exakt dieselben Zeiten verwendet wie in der **direkten** Rede (Präsens bleibt Präsens, Perfekt bleibt Perfekt, …).

Juan **viene** a las siete.	*Juan dice que **viene** a las siete*
Ya **ha comprado** pan.	*Dice que ya **ha comprado** pan.*
Mañana **irá** al cine.	*Dice que mañana **irá** al cine.*

In der **indirekten** Rede der **Vergangenheit** werden weniger Zeiten verwendet als in der direkten Rede oder der indirekten Rede der Gegenwart. Wie die folgende Tabelle zeigt, entsprechen jeweils **zwei einfache** bzw. **zwei zusammengesetzte** Zeiten der direkten Rede oder indirekten Rede der Gegenwart **einer** Zeit in der indirekten Rede der Vergangenheit. Ausnahme: Auf der Ebene der **Vergangenheit** sind es im **Indikativ** drei Zeiten.

discurso directo	discurso indirecto del **pasado**	discurso directo	discurso indirecto del **pasado**
indicativo		**subjuntivo**	
futuro I *condicional I* } *condicional I*			
futuro II *condicional II* } *condicional II*			
presente *imperfecto* } *imperfecto*		*presente* *imperfecto* } *imperfecto*	
perfecto *pluscuam-perfecto* *indefinido* } *pluscuam-perfecto*		*perfecto* *pluscuam-perfecto* } *pluscuam-perfecto*	

Auf der folgenden Doppelseite 94/95 steht für jeden Fall eine beispielhafte Konstruktion.

Ein Tipp: In der **indirekten Rede** der Vergangenheit enden die Verben im **Indikativ** alle auf den Endungen *-ía*, *-ías*, *-ía*, … (Endungen des *imperfecto* bzw. *condicional*), im **subjuntivo** auf *-iera*, *-ieras*, *-iera*, … (Endungen des *imperfecto de subjuntivo*).

Direkte und indirekte Rede Gegenwart

Ebene des Futurs

(Juan dice / Ha dicho que …)

futuro II *condicional II*	**habrá venido …** ⎫ **habría venido …** ⎭

futuro I *condicional I*	**vendrá …** ⎫ **vendría …** ⎭

Ebene der Gegenwart

(Juan dice / Ha dicho que …)

presente de indicativo	**viene …**

(No creo / He dudado que …)

presente de subjuntivo	**venga …**

Ebene der Vergangenheit

(Juan dice / Ha dicho que …)

perfecto de indicativo *pluscuamperfecto de indicativo* *indefinido* *imperfecto de indicativo*	**ha venido …** ⎫ **había venido …** ⎬ **vino …** ⎭ **venía …**

(No creo / He dudado que …)

perfecto de subjuntivo *pluscuamperfecto de subjuntivo* *imperfecto de subjuntivo*	**haya venido …** ⎫ **hubiera venido …** ⎭ **viniera …**

Indirekte Rede Vergangenheit

(Decía / Dijo / Había dicho que …)

→ | *condicional II* | **habría venido …**

→ | *condicional I* | **vendría …**

(Decía / Dijo / Había dicho que …)

→ | *imperfecto de indicativo* | **venía …**

(No creía / Dudé / Había dudado que …)

→ | *imperfecto de subjuntivo* | **viniera …**

(Decía / Dijo / Había dicho que …)

→ | *pluscuamperfecto de indicativo* | **había venido …**

→ | *imperfecto de indicativo* | **venía …**

(No creía / Dudé / Había dudado que …)

→ | *pluscuamperfecto de subjuntivo* | **hubiera venido …**

→ | *imperfecto de subjuntivo* | **viniera …**

Die Wortstellung

20 Die Wortstellung im Aussagesatz
En la frase asertiva

20.1 Im „normalen" Aussagesatz

◇ Oft stimmt die Wortstellung im normalen Aussagesatz im Spanischen und Deutschen überein. Jedoch ist das Spanische freier und bietet daher mehr Möglichkeiten der Nuancierung. So können z. B. durch unterschiedliche Wortstellungen einzelne Satzteile hervorgehoben werden.
Übereinstimmend ist die Wortstellung im folgenden Beispiel:

Puri viene.	*Puri kommt.*
Viene Puri.	*Puri kommt. (auch: Es kommt Puri.)*

➤ Unterschiedlich ist im Spanischen und Deutschen meist die Wortstellung im Satz mit direktem und indirektem **nominalem** Objekt.

Merce da	el libro	a Pedro.
	direktes Objekt	*indirektes Objekt*
Merce gibt	*Pedro*	*das Buch.*
	indirektes Objekt	*direktes Objekt*

Zur Wortstellung der Objektpronomen ↗ S. 22-23.

20.2 Im Aussagesatz mit Adverb

 Meist stehen Adverbien unmittelbar hinter dem Verb. Es gibt aber Variationsmöglichkeiten – etwa zur Betonung einzelner Satzteile.

Merce compró ayer el compac.	*Merce kaufte gestern die CD.*
Merce compró el compac ayer.	*Merce kaufte die CD gestern.*
Ayer compró Merce el compac.	*Gestern kaufte Merce die CD.*
Ayer Merce compró el compac.	*Merce kaufte die CD gestern.*

20.3 Im Aussagesatz mit adverbialen Bestimmungen/präpositionalen Ergänzungen

 Diese Ergänzungen können am Satzanfang, hinter dem Verb oder am Satzende stehen. Auch hier wird durch die Satzstellung oft eine unterschiedliche Betonung ausgedrückt.

El año que viene compraré **una moto**.	*Im nächsten Jahr kaufe ich ein Motorrad.*
Compraré la moto **el año que viene**.	*Ich kaufe das Motorrad im nächsten Jahr.*

Im ersten Satz wird ausgedrückt, dass ich ein Motorrad (und kein Auto) kaufe, im zweiten Satz, dass ich das Motorrad im nächsten Jahr (und nicht erst in zwei Jahren) kaufe.

Compraré en El Corte Inglés **un ordenador**.	*Ich werde im Corte Inglés einen Computer kaufen.*
Compraré el ordenador **en el Corte Inglés**.	*Ich werde den Computer im Corte Inglés kaufen.*

Auch in diesen beiden Beispielen stehen die betonten Satzteile am Satzende.

20.4 In Fragesätzen

◆ In **Entscheidungsfragen** (Antwort: *sí/no*) steht das Verb
meist am Satzanfang. Häufig wird aber auch die Wortstellung
des normalen Aussagesatzes verwendet – in diesem Fall wird
die Frage durch die Intonation (Tonfall) ausgedrückt.

> ¿Viene Juan?
> ¿Juan viene?   *Kommt Juan?*

◆ In Fragesätzen, die mit einem **Fragewort** eingeleitet werden,
steht das Verb **immer** vor dem Subjekt.

> ¿Cuándo viene Juan?   *Wann kommt Juan?*
> ¿Con quién ha hablado Merce?   *Mit wem hat Merce*
>   *gesprochen?*

◆ In **indirekten Fragesätzen** steht das Subjekt **meist** hinter
dem Verb.

> Pedro quiere saber si   *Pedro möchte wissen,*
> viene Juan.   *ob Juan kommt.*
> María pregunta cuándo   *Maria fragt, wann Puri*
> llega Puri.   *kommt.*

20.5 In Nebensätzen

◆ Im spanischen Nebensatz steht das **Verb** nie am Satzende. Hat
der Nebensatz eine Ergänzung, so kann das Verb vor oder hin-
ter dem Subjekt stehen.

> Quiero saber dónde **estuvo**
> José ayer.   *Ich möchte wissen, wo*
> Quiero saber dónde José   *José gestern gewesen ist.*
> **estuvo** ayer.

◆ Hat der Nebensatz keine weitere Ergänzung, so **muss** das Verb vor dem Subjekt stehen.

Beispiel: Cuando empezó el concierto, todos se quedaron contentos. – *Als das Konzert begann, waren alle zufrieden.*

20.6 In verneinten Sätzen

◆ **Ein** Element der Verneinung **muss** vor dem Verb stehen.

Nadie ha venido.	*Niemand ist gekommen.*
No ha venido **nadie**.	

❗ Für diejenigen, die schon Französisch gelernt haben:
Steht ein anderes Element als *no* vor der Verneinung (z. B. *nadie/ninguno/nunca …*), so steht vor dem Verb **nicht** noch einmal *no* (im Französischen steht noch ein *ne*).

español:	**Nada** le interesa.	*Nichts interessiert ihn.*
francés:	**Rien ne** l'intéresse.	

Wichtige Verben

21 Wichtige Verben mit Präpositionen
Régimen de verbos frecuentes

In der folgenden Liste werden die oft benutzten Verben aufge-
führt, die im Spanischen eine andere Präposition als im Deutschen
haben und daher erfahrungsgemäß eine große Fehlerquelle sind.
Nicht aufgeführt sind Verben, die oft mit vielen verschiedenen
Präpositionen gebraucht werden (z.B. *acabar con/de/en/por*) – sie
würden den Rahmen dieser Übersicht sprengen. In solchen Zwei-
felsfällen musst du das Wörterbuch zu Rate ziehen. (Siehe hierzu
das Kapitel 8 „Die Präposition", S. 39 ff.)

abrir **a** alg.	*öffnen **für***	Hoy el nuevo puente se abre **al** público	*Heute wird die neue Brücke **für** die Allgemeinheit geöffnet.*
acordarse **de** a/c, alg.	*sich **an** etw., jdn. erinnern*	¿No te acuerdas **de** él?	*Erinnerst du dich nicht **an** ihn?*
alegrarse **de** a/c	*sich **über** etw. freuen*	Me alegro **de** su visita.	*Ich freue mich **über** Ihren Besuch.*
alquilar a/c **por** (precio) **por/para** (tiempo)	*etw. **für** (Preis) **für** (Zeit) mieten*	Alquilamos el coche **por** 15.000 pts. **para/por** una semana.	*Wir mieten das Auto **für** 15.000 pts. **für** eine Woche.*
aprovecharse **de** a/c	*etw. ausnutzen*	Los alumnos se aprovechan **de** la benevolencia del profe.	*Die Schüler nutzen die Güte des Lehrers aus.*

cambiar **de** a/c	*etw. ändern*	Cambia **de** opinión muy a menudo.	*Er ändert sehr oft seine Meinung.*
cambiar a/c **por** a/c	*etw. **gegen/für** etw. (ein)tauschen*	He cambiado el coche **por** una bicicleta.	*Ich habe das Auto **gegen** ein Fahrrad getauscht.*
cambiarse **de** a/c	*sich umziehen*	¡Todavía no te has cambiado **de** ropa!	*Du hast dich immer noch nicht umgezogen!*
casarse **con** alg.	*jdn. heiraten*	Elena se casó **con** un torero.	*Elena heiratete einen Torero.*
cesar **de**	*zu … aufhören*	¿Cuándo cesa **de** llover?	*Wann hört es auf zu regnen?*
comenzar **a**	*anfangen zu*	Hoy han comenzado **a** trabajar.	*Heute haben sie angefangen zu arbeiten.*
concentrarse **en** a/c	*sich **auf** etw. konzentrieren*	Tienes que concentrarte más **en** tus estudios.	*Du musst dich mehr **auf** dein Studium konzentrieren.*
confiar **en** alg.	*jdm. (ver)trauen*	¡Ojo!, no confíes **en** él.	*Vorsicht, trau ihm nicht!*
consistir **en** a/c	*aus etw. bestehen*	El texto consiste **en** cinco párrafos.	*Der Text besteht aus fünf Absätzen.*
constar **de** a/c	*aus etw. bestehen*	Esta carta consta **de** dos páginas.	*Dieser Brief besteht aus zwei Seiten.*
creer **en** a/c, alg.	*an etw., jdn. glauben*	¿Y tú no crees **en** Dios?	*Und du glaubst nicht **an** Gott?*
dudar **de** a/c, alg.	*an etw., jdm. zweifeln*	No dudes **de** lo que ha dicho.	*Zweifle nicht **an** dem, was sie gesagt hat.*
empezar **a**	*anfangen zu*	¿Cuándo empiezas **a** estudiar?	*Wann fängst du **an** zu lernen?*

enamorarse **de** alg.	*sich **in** jdn. verlieben*	En la fiesta me enamoré **de** Ana.	*Auf der Fête habe ich mich **in** Ana verliebt.*
equivocarse **de** a/c	*sich **in** etw. irren*	Nos hemos equivocado **de** fecha.	*Wir haben uns **im** Datum geirrt.*
faltar **por**	*zu tun bleiben*	Ya no falta mucho **por** hacer.	*Es bleibt nicht mehr viel zu tun.*
informar **de** (sobre) a/c	*über etw. informieren*	No lo informaron **de** este asunto.	*Man informierte ihn nicht **über** diese Angelegenheit.*
insistir **en** a/c	***auf** etw. bestehen*	José insistió **en** pagar.	*José bestand **darauf** zu bezahlen.*
interesarse **por** a/c	*sich **für** etw. interessieren*	No se interesó **por** este partido.	*Sie interessierte sich nicht **für** dieses Spiel.*
ir **en** … **a** …	***mit** … **nach/zu** fahren*	Voy **en** bus **al** instituto.	*Ich fahre **mit** dem Bus **zur** Schule.*
jugar **a** a/c	*etw. spielen*	No le gusta jugar **al** fútbol.	*Er spielt nicht gerne Fußball.*
llorar **de** a/c	***vor** … weinen*	Lloraron **de** alegría.	*Sie weinten **vor** Freude.*
morir(se) **de** a/c	***an** etw. sterben*	Se murió **de** cáncer.	*Er starb **an** Krebs.*
ocuparse **de** a/c, alg.	*sich **um** etw., jdn. kümmern*	Se ocupa **de** sus hijos.	*Er kümmert sich **um** seine Kinder.*
pagar **por** a/c	***für** etw. bezahlen*	¿Cuánto has pagado **por** esa moto?	*Wie viel hast du **für** das Motorrad bezahlt?*
participar **en** a/c	***an** etw. teilnehmen*	¿Cuántos participaron **en** la fiesta?	*Wie viele haben **an** dem Fest teilgenommen?*

pensar **en** a/c, alg.	*an etw. jdn. denken*	Ojalá que piense **en** tu cumpleaños.	*Hoffentlich denkt er **an** deinen Geburtstag.*
preguntar **por** alg.	*nach jdm. fragen*	¿Alguien ha preguntado **por** mí?	*Hat jemand **nach** mir gefragt?*
preocuparse **por** a/c, alg.	*sich **um** etw., jdn. Sorgen machen*	Se preocupan **por** el futuro de sus hijos.	*Sie machen sich **um** die Zukunft ihrer Kinder Sorgen.*
preocuparse **de**	*sich **um** … kümmern*	Preocúpate de llamar a tus abuelos.	*Kümmer dich dar**um**, deine Großeltern anzurufen.*
reñir **por** a/c	*wegen etw. schimpfen*	Le riñe **por** ser tan vago.	*Er schimpft mit ihm, **weil** er so faul ist.*
soñar **con** a/c, alg.	*von etw., jdm. träumen*	Hoy he soñado **con**tigo.	*Heute habe ich **von** dir geträumt.*
tardar **en**	*Zeit brauchen*	He tardado dos horas **en** hacerlo.	*Ich habe zwei Stunden gebraucht, um es zu erledigen.*
terminar **de**	*fertig sein mit*	¿Has terminado **de** comer?	*Bist du **mit** dem Essen fertig?*
trabajar **de** (+profesión)	*als … arbeiten*	El verano pasado trabajó **de** camarero.	*Im letzten Sommer hat er **als** Kellner gearbeitet.*
venir **en** … **de/desde**	*mit … aus kommen*	Vienen **en** avión **desde** Madrid.	*Sie kommen **mit** dem Flugzeug **aus** Madrid.*

22 Zur Bildung und Schreibung spanischer Verben

Dieses Kapitel hat folgende Unterteilungen:

- Die vollständige Konjugation der Hilfsverben *haber* (zur Bildung der zusammengesetzten Zeiten), *estar* und *ser* (Kapitel 22.1)
- Wichtige Hinweise dazu, wie sich im Spanischen die Schreibweise einzelner Verben ändern muss (Kapitel 22.2).

22.1 Konjugation der Hilfsverben

----

haber – *haben, **participio:** habido, *gerundio:* habiendo**

pres. ind.	**he**	**has**	**ha**
imp. ind.	había	habías	había
indefinido	**hube**	**hubiste**	**hubo**
futuro	**habré**	**habrás**	**habrá**
condicional	**habría**	**habrías**	**habría**
pres. subj.	**haya**	**hayas**	**haya**
imp. subj.	**hubiera**	**hubieras**	**hubiera**
	hubiese	**hubieses**	**hubiese**
imperativo		**he**	**haya**

pres. ind.	**hemos**	habéis	**han**
imp. ind.	habíamos	habíais	habían
indefinido	**hubimos**	**hubisteis**	**hubieron**
futuro	**habremos**	**habréis**	**habrán**
condicional	**habríamos**	**habríais**	**habrían**
pres. subj.	**hayamos**	**hayáis**	**hayan**
imp. subj.	**hubiéramos**	**hubierais**	**hubieran**
	hubiésemos	**hubieseis**	**hubiesen**
imperativo	**hayamos**	**habed**	**hayan**

----

estar – *sein*, *participio:* **estado**, *gerundio:* **estando**

pres. ind.	**estoy**	**estás**	**está**
imp. ind.	estaba	estabas	estaba
indefinido	**estuve**	**estuviste**	**estuvo**
futuro	estaré	estarás	estará
condicional	estaría	estarías	estaría
pres. subj.	**esté**	**estés**	**esté**
imp. subj.	**estuviera**	**estuvieras**	**estuviera**
	estuviese	**estuvieses**	**estuviese**
imperativo		**está(te)**	**esté**

pres. ind.	estamos	estáis	**están**
imp. ind.	estábamos	estábais	estaban
indefinido	**estuvimos**	**estuvisteis**	**estuvieron**
futuro	estaremos	estaréis	estarán
condicional	estaríamos	estaríais	estarían
pres. subj.	estemos	estéis	**estén**
imp. subj.	**estuviéramos**	**estuvierais**	**estuvieran**
	estuviésemos	**estuvieseis**	**estuviesen**
imperativo	estemos	estad	**estén**

ser – *sein*, *participio:* **sido**, *gerundio:* **siendo**

pres. ind.	**soy**	**eres**	**es**
imp. ind.	**era**	**eras**	**era**
indefinido	**fui**	**fuiste**	**fue**
futuro	seré	serás	será
condicional	sería	serías	sería
pres. subj.	**sea**	**seas**	**sea**
imp. subj.	**fuera**	**fueras**	**fuera**
	fuese	**fueses**	**fuese**
imperativo		**sé**	**sea**

pres. ind.	**somos**	**sois**	**son**
imp. ind.	**éramos**	**erais**	**eran**
indefinido	**fuimos**	**fuisteis**	**fueron**
futuro	seremos	seréis	serán
condicional	seríamos	seríais	serían
pres. subj.	**seamos**	**seáis**	**sean**
imp. subj.	**fuéramos**	**fuerais**	**fueran**
	fuésemos	**fueseis**	**fuesen**
imperativo	**seamos**	sed	**sean**

22.2 Änderung der Schreibweise nach den Ausspracheregeln des Spanischen

Die Orthographie hat im Spanischen dienende Funktion. Daher gilt: Vorrang hat die Aussprache. Dies hat zur Folge, dass bei einer Reihe von Verben sich bei manchen Formen die Schreibweise ändern muss (vergleiche dazu auch die Hinweise ab S. 9).
So ändert sich z.B.:

c → qu	[k]	Verben auf -car vor -e und -i	buscar **busqué**	busco **busque**
c → z	[Θ]	Verben auf -cer vor -a und -o	convencer **convenzo**	convence **convenza**
g → gu	[g]	Verben auf -gar vor -e und -i	cargar **cargué**	cargamos **cargue**
g → j	[x]	Verben auf -ger/-gir vor -a und -o	proteger corregir **protejo** **corrijo**	proteges corrigen **proteja** **corrijan**
gu → gü	[gw]	Verben auf -guar vor -e	averiguar **averigües**	averiguo **averigüé**
gu → g	[g]	Verben auf -guir vor -a und -o	distinguir **distingo**	distingue **distingan**
z → c	[Θ]	Verben auf -zar vor -e und -i	empezar **empecé**	empieza **empiecen**
i → í	[i]	Verben auf -iar stammbetont	confiar **confío**	confiamos **confíen**
u → ú	[u]	Verben auf -uar stammbetont	actuar **actúan**	actué **actúes**

Zu diesen Verben gehören nicht *cambiar*, *limpiar* und *saciar*, die nie einen Akzent auf dem -i- bekommen.

Stichwortverzeichnis

108

111